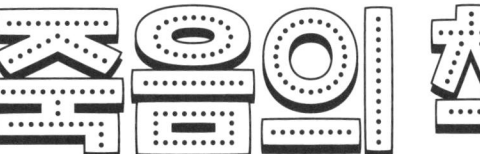

Radieschen von unten. Das bunte Buch über den Tod für neugierige Kinder
by Katharina von der Gathen, illustrated by Anke Kuhl
ⓒ 2023 Klett Kinderbuch, Leipzig/Germany
Korean Translation ⓒ 2025 by Dasan Books
All rights reserved.
The Korean language edition is published by arrangement with
Klett Kinderbuch Verlag GmbH through MOMO Agency, Seoul.

이 책의 한국어판 저작권은 모모 에이전시를 통해 Klett Kinderbuch Verlag GmbH와의 독점 계약으로 ㈜다산북스에 있습니다.
저작권법에 의해 한국 내에서 보호를 받는 저작물이므로 무단전재와 무단복제를 금합니다.

숨이 끊어지다. 숨이 멎다. 졸하다. 소천하다. 타계하다. 서거하다. 황천길을 가다. 천국에 가다. 열반에 들다. 저승에 가다. 요단 하다. 입적하다. 선종하다. 등선하다. 하늘나라에 가다. 세상을 뜨다. 영원히 잠들다. 절명하다. 요절하다. 단명하다. 순교하다. 전사 길을 떠나다. 숨을 거두다. 고인이 되다. 작고하다. 까마귀밥이 되다. 관에 들어가다. 저세상으로 가다. 생을 마감하다. 숨을 멈추 저승사자가 이름을 부르다. 죽다. 사망하다. 돌아가시다. 세상을 떠나다. 죽음을 맞이하다. 목숨을 잃다. 숨지다. 운명하다. 별세하 에 들다. 저승에 가다. 요단강을 건너다. 삼도천을 건너다. 승천하다. 숨이 다하다. 눈을 감다. 세상을 등지다. 숨넘어가다. 고인이 되 단명하다. 순교하다. 전사하다. 귀천하다. 궂기다. 명을 다하다. 싸늘한 주검이 되다. 한 줌 흙이 되다. 시체가 되다. 천사가 되다. 귀 을 마감하다. 숨을 멈추다. 인생의 막을 내리다. 생이 끝나다. 별이 되다. 마지막 여행을 떠나다. 무지개다리를 건너다. 초상을 치 지다. 운명하다. 별세하다. 생명을 잃다. 작고하다. 세상을 뜨다. 숨이 끊어지다. 숨이 멎다. 졸하다. 소천하다. 타계하다. 서거하다. 다. 숨넘어가다. 고인이 되다. 영면하다. 유명을 달리하다. 승하다. 입적하다. 선종하다. 등선하다. 하늘나라에 가다. 세상을 뜨다. 가 되다. 천사가 되다. 귀신이 되다. 눈에 흙이 들어가다. 먼 길을 떠나다. 숨을 거두다. 고인이 되다. 작고하다. 까마귀밥이 되다. 다리를 건너다. 초상을 치르다. 병풍 뒤에서 향냄새를 맡다. 저승사자가 이름을 부르다. 죽다. 사망하다. 돌아가시다. 세상을 떠나 다. 타계하다. 서거하다. 황천길을 가다. 천국에 가다. 열반에 들다. 저승에 가다. 요단강을 건너다. 삼도천을 건너다. 승천하다. 숨 라에 가다. 세상을 뜨다. 영원히 잠들다. 절명하다. 요절하다. 단명하다. 순교하다. 전사하다. 귀천하다. 궂기다. 명을 다하다. 싸늘한 고하다. 까마귀밥이 되다. 관에 들어가다. 저세상으로 가다. 생을 마감하다. 숨을 멈추다. 인생의 막을 내리다. 생이 끝나다. 별이 돌아가시다. 세상을 떠나다. 죽음을 맞이하다. 목숨을 잃다. 숨지다. 운명하다. 별세하다. 생명을 잃다. 작고하다. 세상을 뜨다. 숨이 을 건너다. 승천하다. 숨이 다하다. 눈을 감다. 세상을 등지다. 숨넘어가다. 고인이 되다. 영면하다. 유명을 달리하다. 승하다. 입적 . 명을 다하다. 싸늘한 주검이 되다. 한 줌 흙이 되다. 시체가 되다. 천사가 되다. 귀신이 되다. 눈에 흙이 들어가다. 먼 길을 떠나 다. 생이 끝나다. 별이 되다. 마지막 여행을 떠나다. 무지개다리를 건너다. 초상을 치르다. 병풍 뒤에서 향냄새를 맡다. 저승사자 다. 세상을 뜨다. 숨이 끊어지다. 숨이 멎다. 졸하다. 소천하다. 타계하다. 서거하다. 황천길을 가다. 천국에 가다. 열반에 들다. 저승 리하다. 승하다. 입적하다. 선종하다. 등선하다. 하늘나라에 가다. 세상을 뜨다. 영원히 잠들다. 절명하다. 요절하다. 단명하다. 순 들어가다. 먼 길을 떠나다. 숨을 거두다. 고인이 되다. 작고하다. 까마귀밥이 되다. 관에 들어가다. 저세상으로 가다. 생을 마감하 냄새를 맡다. 저승사자가 이름을 부르다. 죽다. 사망하다. 돌아가시다. 세상을 떠나다. 죽음을 맞이하다. 목숨을 잃다. 숨지다. 운 에 가다. 열반에 들다. 저승에 가다. 요단강을 건너다. 삼도천을 건너다. 승천하다. 숨이 다하다. 눈을 감다. 세상을 등지다. 숨넘어 하다. 요절하다. 단명하다. 순교하다. 전사하다. 귀천하다. 궂기다. 명을 다하다. 싸늘한 주검이 되다. 한 줌 흙이 되다. 시체가 되다.

카타리나 폰 데어 가텐 글 • 앙케 쿨 그림 • 심연희 번역

죽음의 책

궁금하지만 묻지 못했던 죽음에 대한 모든 것

차례

책을 시작하기 전에 12

삶이 끝나는 순간 15
시작, 그리고 끝 17
인간은 왜 죽을까요 22
어처구니없는 죽음 28
죽음에 대해 말하기: 태오 이야기 32
죽음에 대한 웃긴 이야기 34

죽음은 어떤가요 37
임종 39
그 자리에 함께 43
사망 45
염습 47
죽음에 대해 말하기: 마틴 이야기 49
죽은 사람이 무서워요 53
죽은 사람 만나기: 마틴 이야기 54
가사 상태 56
옛날의 의식 57
마지막 인사 하기 60
죽음에 대해 말하기: 칼 이야기 62
부패 65

장례의 모든 것 — 69

- 어느 것을 고를까요 — 71
- 화장장에서 — 72
- 묘지에서 — 74
- 죽음에 대해 말하기: 유리 이야기 — 78
- 변화하는 장례 — 80
- 죽음에 대해 말하기: 바바라와 율리아 이야기 — 88
- 장례식에는 수많은 결정이 따른다 — 92
- 장례식 참석하기 — 94
- 죽음에 대해 말하기: 세실 이야기 — 96
- 죽음에 대한 재밌는 이야기 — 100

애도하는 마음 — 103

- 갑자기 달라진 일상 — 105
- 슬픔이라는 감정 — 106
- 남은 것은 무엇일까요 — 110
- 죽은 다음에는 어떻게 될까요 — 113
- 죽음에 대해 말하기: 안나 이야기 — 115

죽은 이와 함께 살기 **119**
    종교, 시대, 문화 121
    불사 130
    죽음의 이미지와 상징 134
    죽음에 대한 웃긴 이야기 138

주요 단어 141
해골 가면 만들기 148
미니 관 만들기 152

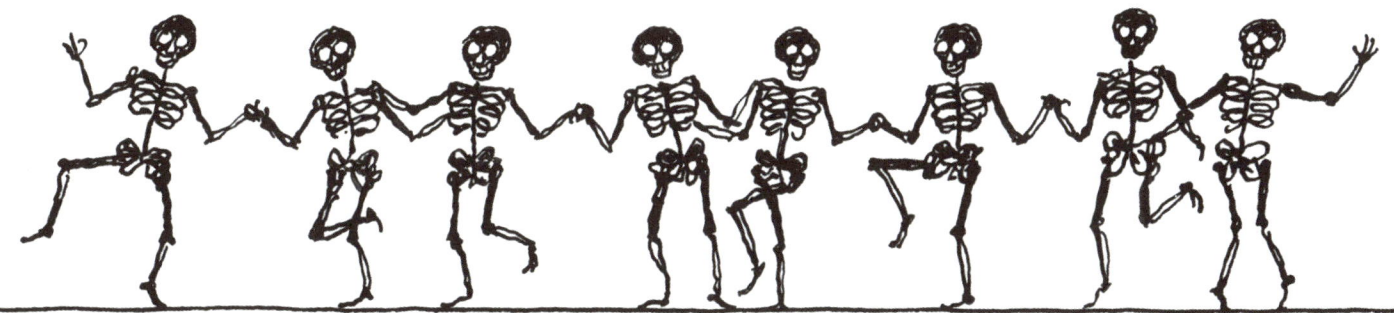

책을 시작하기 전에

이 책은 죽음에 대한 책이에요. 그런데 죽는다는 건 정말 나쁜 일일까요? 죽음이 아름다울 수는 없을까요? 왜 우리는 죽어야 할까요? 죽은 다음에는 어떻게 될까요? 내가 좋아하는 사람들이 죽는다면 어떻게 되나요? 영원히 살 수 있다면 훨씬 좋지 않을까요???

이 질문에 확실하게 대답할 수 있는 사람은 세상에 아무도 없답니다. 수백 년, 수천 년 전의 사람들도 지금 우리가 하는 똑같은 질문을 스스로에게 했어요. 하지만 답은 누구도 찾지 못했지요. 그래도 혼자서 생각하는 것보다는 다른 사람과 머리를 맞대 보면, 도무지 앞이 안 보이는 캄캄한 어둠 속 질문에서도 한 줄기 빛 같은 답을 찾을 수 있을 거예요.

죽음을 생각하다 보면 슬플 때가 많아요. 하지만 어쩔 땐 호기심이 일거나, 심지어 재미있을 수도 있답니다!

작가인 우리는 이 책을 쓰고 그리면서 그와 관련된 많은 경험을 했어요. 다양한 사람들을 만나 죽음과 삶에 대해 이야기하고, 묘지와 봉안당을 방문하고, 죽은 사람들을 찾아보면서 우리의 인생 마지막에 대해 생각해 보았지요. 그러면서 키득키득 웃을 때도 있었고, 가끔은 울기도 했어요. 어느 때는 깜짝 놀라 할 말이 없어지기도 했고요. 그렇게 많은 걸 경험할수록 우리는 더욱 죽음이 궁금해졌습니다.

이 책을 통해 우리는 닫혀 있던 비밀의 방을 조심스럽게 열어 보려고 해요. 죽음이라는 방 안의 세계는 아주 특별하고 흥미진진하거든요. 그리고 이 책에 등장하는 다양한 직업을 지닌 수많은 사람에게 죽음과 임종이란 늘 일어나는 자연스러운 일이기도 했습니다.

책을 쓴 우리 두 사람은 각자의 이런저런 사정이 달랐기 때문에, 죽음을 비슷한 방식으로 볼 때도 있었지만 완전히 다르게 바라보기도 했어요. 그 점이 매우 신기했지요. 이 책에서는 우리의 두 가지 관점이 맞닿고 뒤섞이면서 서로 보완되어 글과 그림으로 탄생했어요.

우리가 이 책을 쓰는 동안 계속해서 깨달은 점이 하나 있습니다. 책을 쓰다 보면 우리가 쓴 내용을 다시는 생각하고 싶지 않을 때가 있다는 것이었죠.
우리는 쉬어야 했어요.
그럴 때면 자연을 찾아가거나 다른 사람들과 함께 있는 게 제일 좋았습니다.

어쩌면 여러분도 언젠가 우리처럼 '이제 그만 생각하자!'라고 느낄 수 있어요. 사랑하는 반려동물이나 가까운 친지가 세상을 떠난 지 얼마 안 되는 사람이라면, 지금은 그 죽음의 기억이 무척 고통스러울 테니까요.

지금 다시 기운을 차리고 살아가는 사람이라면, 누군가를 떠나보낸 기억을 끄집어내어 삶이 흐트러지는 일이 없기를 바랄지도 모르지요.
그렇다면 그냥 이 책을 덮으세요! 나중에 언제라도 읽을 수 있으니까요. 지금은 여러분의 생각을 함께 나누며 질문에 답해 줄 좋은 사람이 곁에 있으면 가장 좋아요.

이 책은 그저 죽음과 그 과정에 대해 말하는 책이 아니에요. 무엇보다도 삶에 대해 이야기하는 책이랍니다!

카타리나 폰 데어 가텐 & 앙케 쿨

삶이 끝나는 순간

시작, 그리고 끝

삶의 시작은—삶의 끝과 마찬가지로—놀라운 순간입니다. 모든 인간은 첫 숨을 쉬고 첫울음을 터뜨리며 삶이라는 위대한 모험을 시작하지요.

산부인과 의사나 조산사들의 이야기에 따르면, 우리는 태어나는 순간부터 서로 얼마나 다른지 알 수 있다고 해요. 어떤 아기는 온 세상을 향해 쩌렁쩌렁 울어 대는가 하면, 어떤 아기는 엄마의 품에 누워서 평온한 눈빛으로 사방을 처음 바라보기도 하지요.

그러다 먼 훗날, 어느덧 때가 되면 이 작디작았던 인간이 임종의 순간을 맞이하고 마지막 숨을 내쉬게 될 거예요. 그 순간은 무엇과도 비교할 수 없을 만큼 특별할 테지요.

이처럼 자연을 둘러보면 하나의 사물에서 두 가지 상반된 면이 나타날 때가 많아요. 그 두 가지는 얼핏 보면 함께 있는 게 말이 안 되는 것 같아도, 사실은 떼려야 뗄 수 없는 관계인 경우가 많죠. 밤이 없다면 낮이 없고, 겨울이 없다면 여름이 없고, 자는 시간이 없다면 깨어 있는 시간도 없는 것처럼요.

탄생과 죽음 역시 둘로 나눌 수 없어요. 탄생과 죽음 사이에 존재하는 삶이 독특하고도 특별한 이유는 아마도 죽음이 그 경계가 되어 주기 때문일 거예요.

한창 살아갈 때는 언젠가 죽게 될 마지막 날이 아주아주 멀게 느껴져요. 사람들은 본인이 언젠가 죽는다는 사실을 거의 생각하지 않고 살지요. 만약 죽음을 항상 생각한다면, 나 자신 또는 사랑하는 사람이 죽을지도 모른다는 두려움을 매일 느끼며 살아야 하겠죠? 죽는다는 생각에 사로잡혀 아무런 의욕 없이 살게 될지도 몰라요.

하지만 자세히 보면, 사실 죽음은 매일 보인답니다. 우리의 말 속에, 우리 동네 어딘가에 숨어 있어요. 때로는 바닥에 덩그러니 누워 있기도 하고, 우리와 함께 축제를 즐기기도 해요. 물론 우리는 죽음을 아주 잠깐 보고 지나칠 때가 많아서 눈치채지 못할 수도 있어요. 마치 케이크 접시에 앉았다 재빨리 날아가는 파리처럼요.

다음 장에서 이렇게 매일 존재하는 죽음을 확인할 수 있습니다. 한번 찾아볼까요?

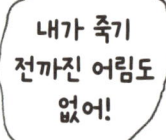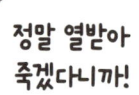

만약 지구와 멀찍이 떨어져서 수백만 년 동안 지구를 바라볼 수 있다면, 그 안에 사는 모든 사람과 동물과 식물, 바다와 사막과 숲, 다양한 날씨와 낮과 밤이 보이겠죠? 그러면서 무언가가 죽고 또 무언가가 새로이 태어나는 모습이 보일 거예요.
아무도 죽지 않고 아무것도 사라지지 않는다면 어떻게 될까요?

아마도 인류는 이미 오래전에 멸종되어 사라졌을 거예요. 계속 인구가 불어나다 보면 모두가 살기엔 너무 비좁은 순간이 올 테니까요. 무언가가 죽는다는 것은 새로운 무언가를 위한 공간이 생긴다는 뜻이에요. 가을이 되면 떨어지는 낙엽을 생각해 보세요. 오래된 이파리가 떨어진 곳은 내년 봄에 피어날 싱그럽고 연한 새싹이 돋아날 자리가 된답니다.

**동물은 평균적으로 이만큼 살아요.
그 전에 죽는 일이 없다면요!**

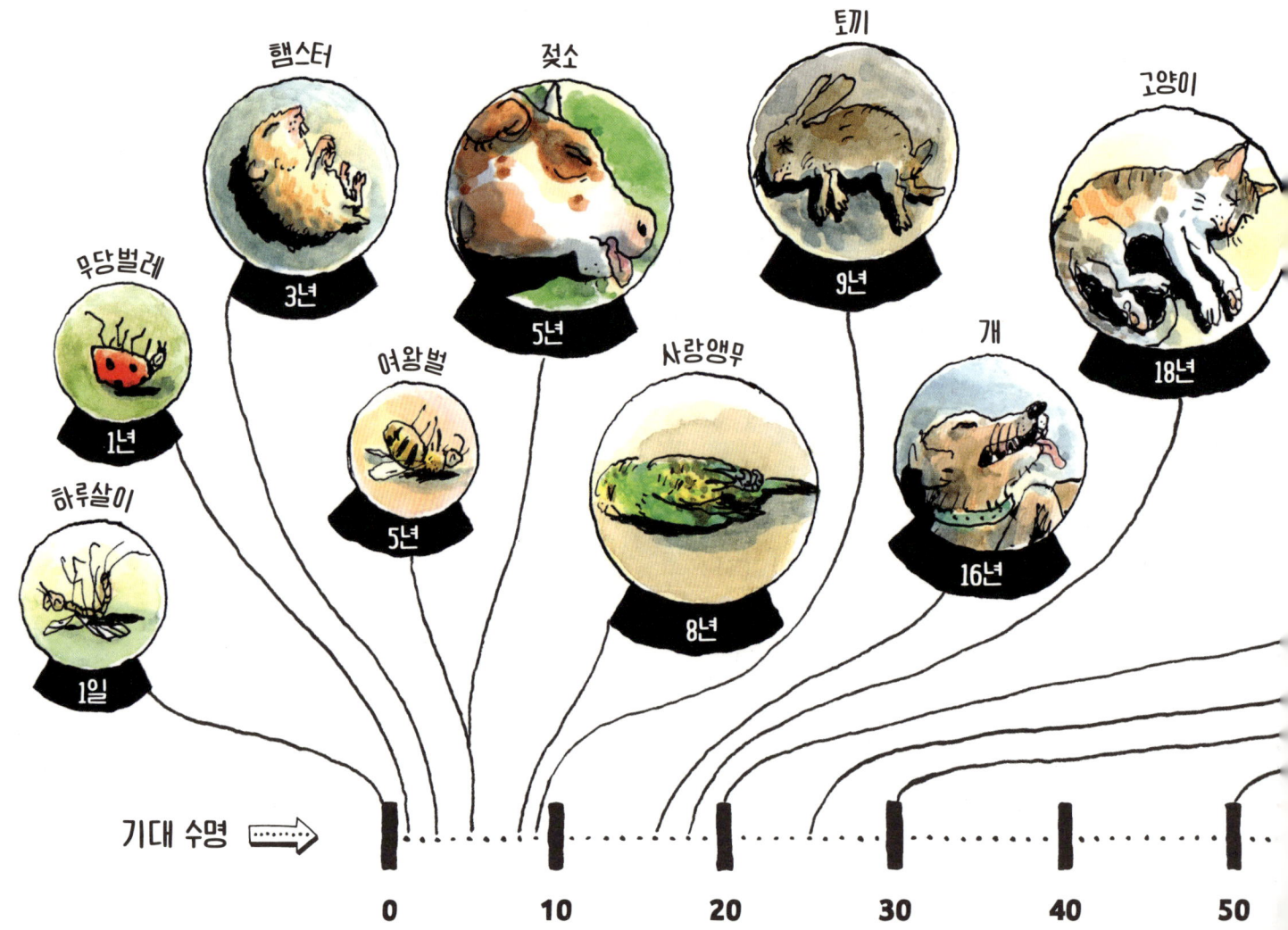

죽음은 힘들고 슬플 때가 많아요. 하지만 가끔은 위로가 되기도 해요. 그래도 세상이 계속된다는 걸 우리가 알기 때문이에요. 다음 세대는 이전 세대의 일부를 이어받아 살아가지요. 그래서 사람이 죽는다는 것은 당연하고도 좋은 것이랍니다.

생명체는 저마다 수명이 달라요. 사람은 기대 수명을 넘어 90년을 살 수도 있지만 9년, 9일, 심지어 단 9시간을 살 수도 있어요. 그렇지만 제아무리 짧게 산다 해도, 그 사람에겐 그 짧은 시간이 평생이지요.

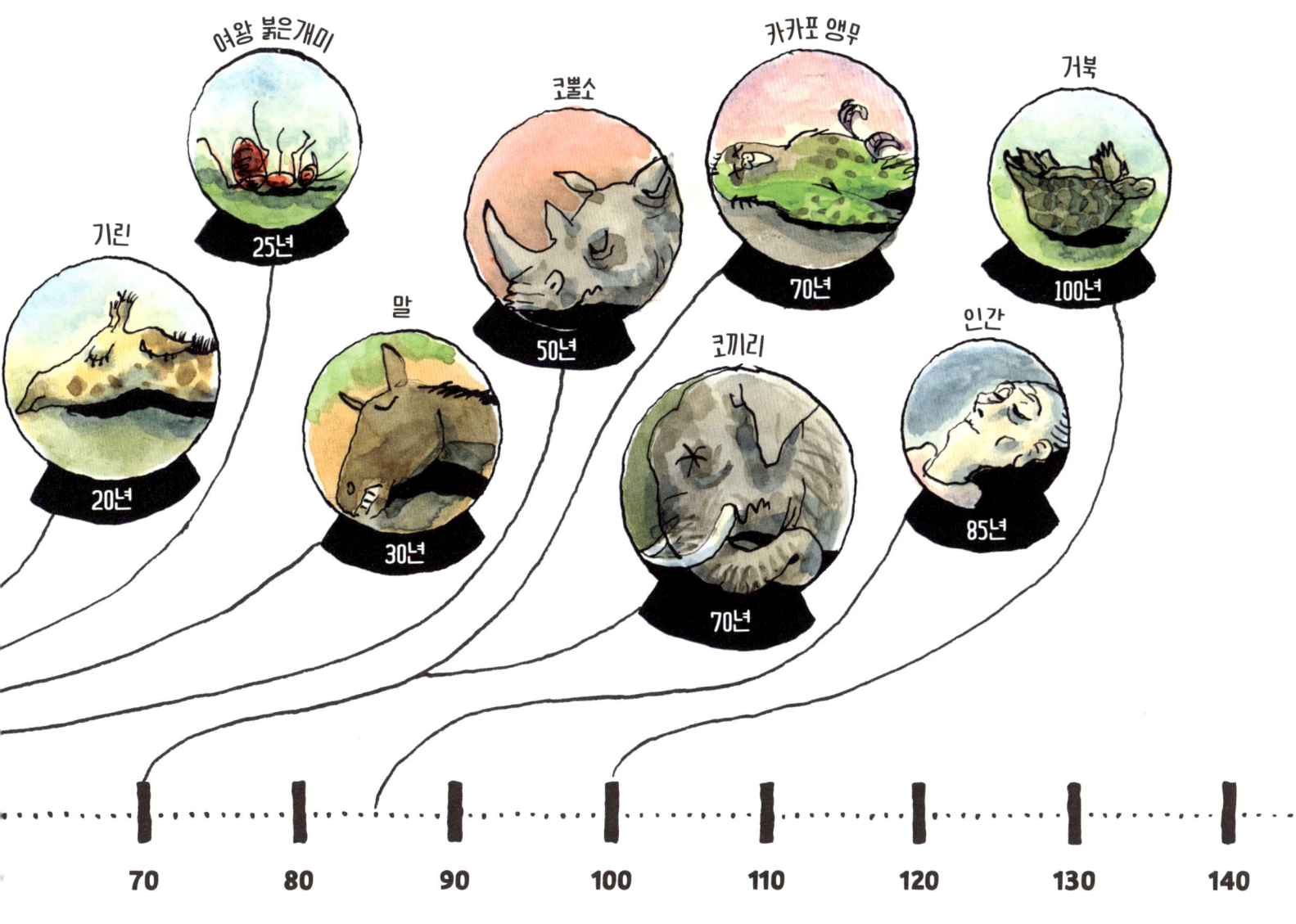

인간은 왜 죽을까요

현대 인류는 개인마다 차이가 있지만 평균적으로 80세 전후로 세상을 떠나요. 이때 신체의 장기를 비롯한 다양한 체내 시스템이 작동하지 않게 되는 이유를 정확하게 알 수 없는 경우도 많습니다. 오랫동안 건강을 잘 가꾸어 왔어도, 나이가 들면 몸이 약해지고 불편해져서 효과적으로 대처하지 못하게 되는 거예요.

가장 흔한 사망 원인은 심장병과 암이에요. 사고로 죽는 경우는 모든 연령대에서 다 나타나지만, 젊은 사람보다 노인이 사고로 더 많이 죽는 편이긴 해요. 아무래도 다쳤을 때 회복이 쉽지 않기 때문이겠죠. 하지만 사람들은 노인이 되기 전에도 언제나 병이나 사고로 죽을 가능성이 있습니다. 이런 병과 사고 중에는 자주 일어나는 것도 있고, 드물게 일어나는 것도 있어요. 그래도 좋은 치료 방법과 효과적인 약이 많으니까, 병에 걸리거나 사고를 당해도 적절한 치료를 받을 수 있답니다.

심장마비가 일어나면 갑자기 심장에 피가 충분히 가지 못해서 더는 박동할 수 없게 돼요. 원인은 혈관이 막혔기 때문이에요. 심장마비가 오면 심한 통증이 느껴지면서 가슴이 답답해져요. 빨리 조치를 취하지 않으면 사망할 수 있어요.

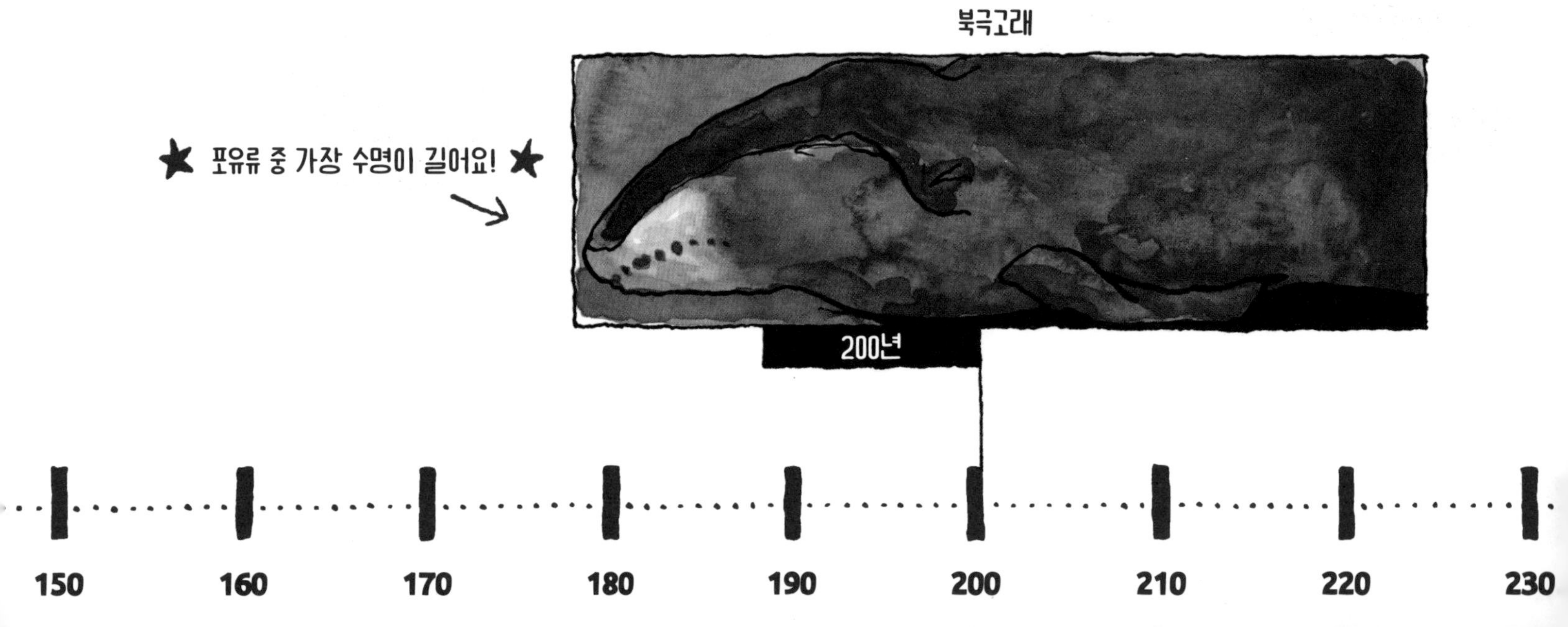

★ 포유류 중 가장 수명이 길어요! ★

북극고래

200년

150 160 170 180 190 200 210 220 230

뇌졸중은 심장마비와 비슷한 이유로 일어나요. 뇌에 충분한 혈액이 가지 못하면 뇌졸중이 생기지요. 이렇게 뇌에 혈액 순환이 안 되면, 피가 돌지 않은 뇌 부분이 손상돼요. 뇌졸중이 온 환자는 갑자기 심한 두통을 느끼거나, 말을 제대로 못 하거나, 몸의 일부를 움직일 수 없는 증상이 생깁니다.

암은 몸 어디에나 생길 수 있는 병이에요. 피부나 뼈부터 혈액과 근육, 장기와 신경에 이르기까지 전부요. 우리 몸의 모든 기관은 아주 작은 세포가 끝없이 모여 만들어진 것이에요. 그런데 암세포는 말하자면 '가짜 세포'라서, 진짜 세포가 있어야 할 자리와 받아야 할 영양분을 빼앗아 가며 계속 퍼져요. 사람의 몸은 암세포와 싸워 이길 수 없을 때가 종종 있지요.

화재로 죽는 사람은 불에 데는 고통을 느끼지 못할 가능성이 커요. 왜냐하면 불이 공기 중의 산소를 다 써 버리기 때문에 사람들은 대부분 의식을 잃고 숨이 막혀 죽게 되거든요. 물론 크게 화상을 입어도 목숨이 위험해지긴 합니다.

익사하는 사람들은 먼저 저체온증에 걸려요. 체온이 35도 이하로 내려가면 제대로 숨을 쉴 수 없어집니다. 그래서 힘이 빠지고 공황이 오면서 폐에 물이 차요. 몸에 산소 공급이 끊어지면 잠시 후 기절해서 죽게 되지요. 이런 일은 구해 줄 사람이 없는 강이나 호수에서 많이 일어나요. 그리고 대부분 익사하는 사람은 아이가 아니라 어른이에요. 자신의 힘으로 빠져나올 수 있다는 잘못된 판단을 하기 때문이지요.

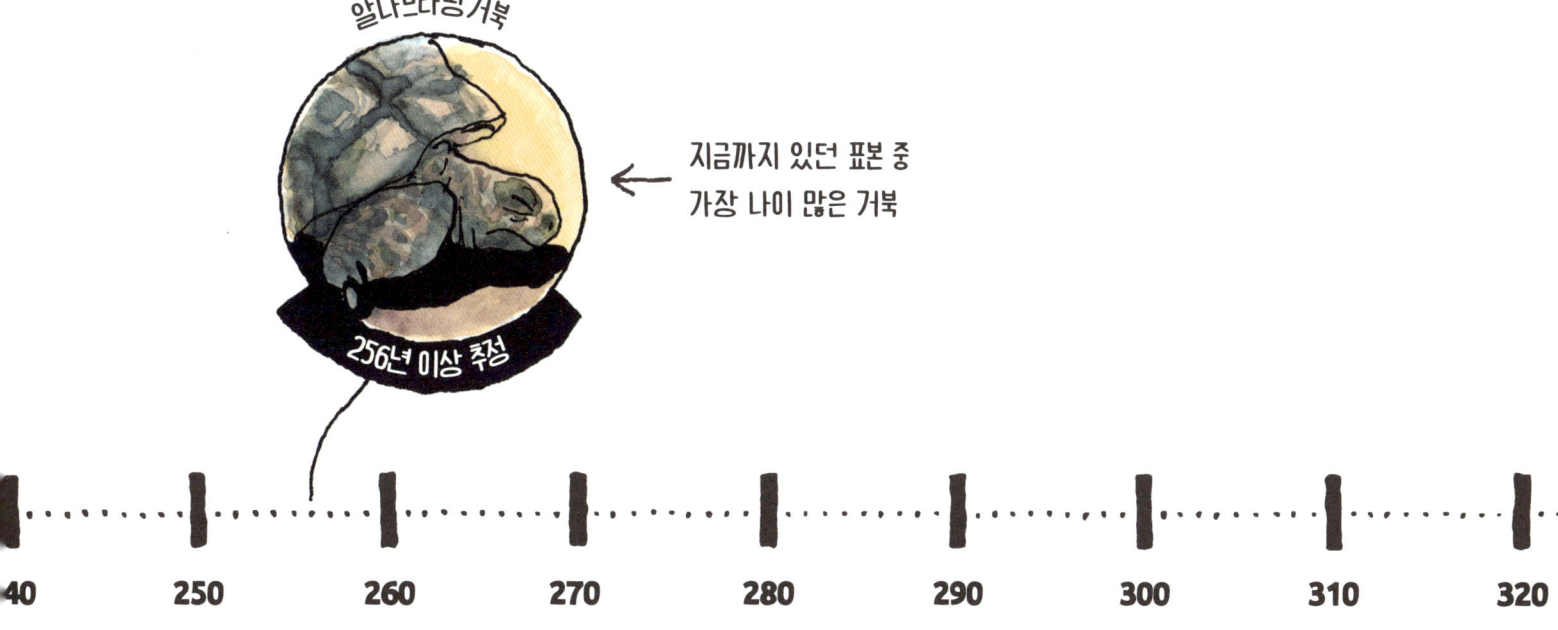

우리 몸에 꼭 필요한 산소가 갑자기 사라지면 **질식**하게 돼요. 예를 들어 목구멍에 커다란 물체가 끼어 버리면 질식해서 숨을 쉴 수 없지요. 이 경우 피부가 새파래지고 숨을 헐떡이다가 의식을 잃고 결국 죽게 돼요. 참, 사람이 직접 숨을 참는 것으로는 질식할 수 없어요. 몸에 산소가 다급하게 필요해지면 저절로 호흡하게 되거든요.

출혈도 있어요. 대동맥이 손상되면 순식간에 피를 많이 흘리게 돼요. 그럼 바로 몇 초 안에 목숨을 잃을 수 있지요. 예를 들어 칼에 찔리거나 총에 맞았다면 곧바로 죽을 가능성이 있어요. 아니면 심한 부상을 입었을 때 겉으로 난 상처를 통해 피가 느리게 몸 밖으로 흐르거나, 몸속에 상처가 나서 피가 몸 안에 고이기도 해

요. 이런 경우에는 죽을 때까지 여러 시간이 걸리지요. 점점 힘이 빠지면서 몸이 차가워지고 목이 마르다가 어느 순간 의식을 잃게 돼요.

감전 역시 죽을 수 있을 만큼 위험해요. 전류가 아주 높으면 화상을 입으면서 온몸의 근육이 수축해 버리거든요. 전류가 가슴에 흐르면 특히 위험한데, 호흡 기관이 멈추고 심장이 걷잡을 수 없게 빨리 뛰거나 완전히 멎기 때문이에요. 전류가 몸에 흐르는 시간이 길고 강할수록 더 빨리 목숨을 잃습니다.

동사, 즉 얼어 죽는 건 얼마나 추운가에 따라 빨리 끝나기도 하고 아주 오래 걸리기도 해요. 몸속 주요한 장기에 계속 혈액을 공

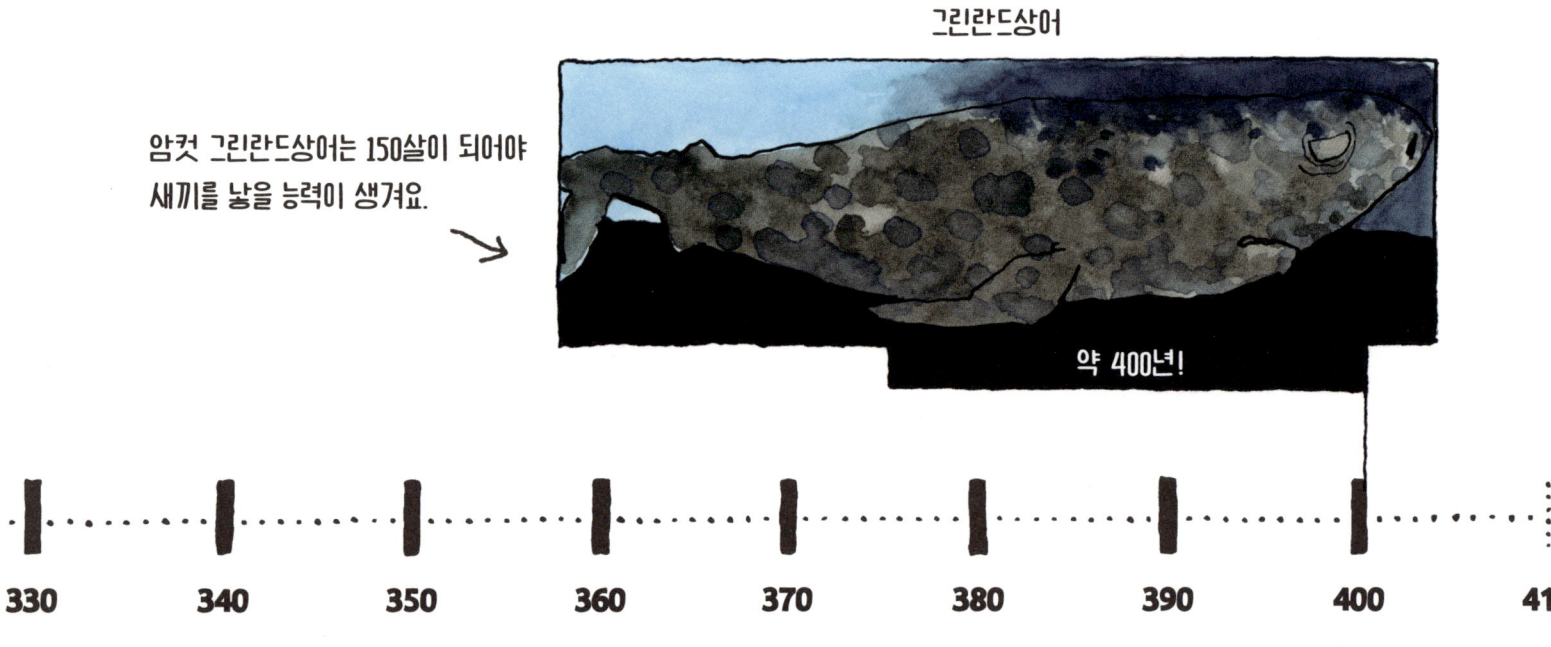

암컷 그린란드상어는 150살이 되어야 새끼를 낳을 능력이 생겨요.

그린란드상어

약 400년!

급하기 위해서 제일 먼저 혈액 순환이 중단되는 곳은 손가락과 발가락이에요. 그래서 손발 끝이 까맣게 변하며 죽어가는데, 매우 아파요. 그러다 점점 뇌에 혈액이 공급되지 않으면 정신이 흐려지면서 말을 제대로 하지 못하다가 죽게 돼요. 그러다 죽기 직전에는 갑자기 참을 수 없을 정도로 더워져요. 그래서 얼어 죽는 사람이 심지어 옷을 모두 벗기도 해요.

사람은 **자살**로 스스로 목숨을 끊을 때도 있어요. 더 이상 살 의미가 없다는 생각이 들거나, 죽고 싶다는 마음이 드는 거예요. 그런데 이런 생각을 하는 이유는 사실 정신적으로 심각한 질환을 앓고 있어서 그런 경우가 많아요. 이럴 때 의사와 전문가를 찾아가면 절망적인 상황에서 벗어나는 데 도움이 돼요.

누군가가 자살하면 가족과 친구들도 심한 무력감을 느껴요. 기꺼이 도와줄 수 있었는데 그러지 못했다는 생각에 사로잡히지요. 가족이나 친구를 이런 사유로 떠나보낸 사람이 있다면, 끔찍한 경험과 그때 느낀 감정을 계속 이야기할 수 있도록 배려해 주는 게 좋아요. 그러면 시간이 흐른 후, 세상을 떠난 사람이 남겨진 가족이나 친구를 매우 사랑했다는 걸 알 수 있을 거예요.

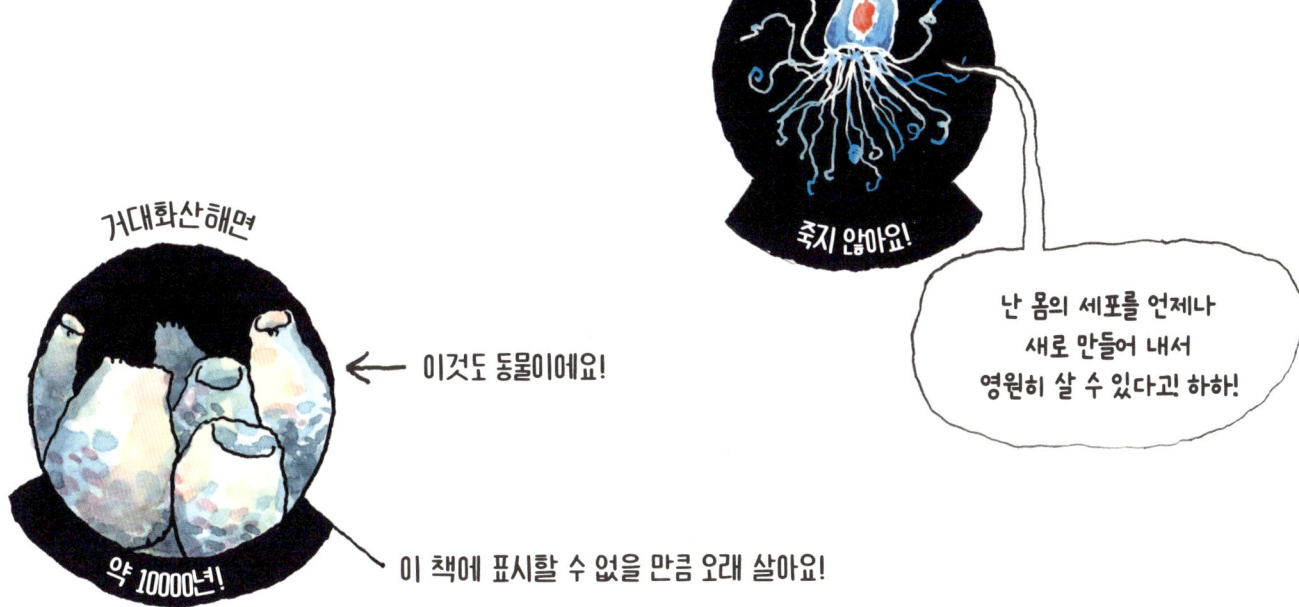

아주 드문 경우지만, 갓난아기들이 죽기도 해요. 영아 돌연사 증후군은 건강한 아기가 갑자기 심장이 멎어 죽는 상황을 뜻해요. 보통 밤중에 자다가 심장이 멈추곤 하지요. 이유가 무엇인지는 정확히 알려지지 않았어요.

엄마 뱃속에서, 또는 태어나자마자 죽는 아기들도 있어요. 이 아기들은 제대로 살아보기도 전에 세상을 떠났지만, 그래도 엄연히 태어난 아기랍니다. 이런 아기들을 사산아라고 해요.

사람이 죽는 이유는 아주 많아요. 전염병에 걸려서, 나이가 많아서, 교통사고가 나서, 독버섯을 먹어서, 사다리에서 떨어져서, 유전병 때문에, 눈사태로, 산사태로, 벌레에게 물려서, 벼락을 맞아서, 떨어지는 코코넛 열매에 맞아서, 비행기가 추락해서, 홍수에 휩쓸려서, 병원에 갈 형편이 안 돼서, 운석에 맞아서, 병들어서, 뱀에게 물려서, 말을 타다 떨어져서, 셀카를 찍다 추락해서, 상어에게 물려서……. 그 밖에도 많은 이유가 있지요.

살다 보면 목숨을 위협하는 일이 아주 많아요.

어처구니없는 죽음

세상에는 참으로 운 나쁘게 죽는 사람도 있어요. 너무 말도 안 되는 죽음이라서 현실이 아니라 억지로 지어낸 이야기 같기도 해요.

고대 그리스의 시인 아이스킬로스는 하늘에서 떨어진 거북이에게 맞아 죽었어요. 배고픈 독수리가 거북이 몸뚱이를 먹기 위해 등딱지를 부수려고 땅에 떨어뜨린 것이었지요.

벨러 1세는 헝가리의 왕이었는데, 나무로 만든 왕좌가 무너지면서 심하게 다쳐서 죽었어요.

1518년 프랑스의 도시 스트라스부르에서는 수백 명의 사람들이 무아지경에 빠져 오랫동안 춤을 추다가 지쳐 쓰러지는 사건이 발생했어요. 그리고 그중 몇몇은 정말로 힘이 빠져서 죽었다고 해요.

전해 내려오는 이야기에 따르면, 이탈리아의 작가 피에트로 아레티노는 심하게 웃다가 의자에서 떨어져 목이 부러졌다고 해요. 들은 이야기가 아주 웃겼나 봐요.

오스트리아 브라우나우암인의 경비 대장이었던 한스 슈타이닝거는 수염을 2미터나 길렀대요. 평소 그는 수염을 돌돌 말아서 주머니에 넣고 다녔지요. 그러던 어느 날, 수염이 주머니에서 빠졌는지 한스가 수염을 밟고 넘어졌어요. 그 때문에 심하게 다쳐 결국 죽고 말았지요. 지금도 오스트리아의 박물관에 가면 한스의 수염을 볼 수 있답니다.

프랑스의 극작가 몰리에르는 연극 연출가이자 배우였어요. 그는 자신이 쓴 연극 〈상상병 환자〉를 직접 공연하던 중, 갑자기 무대에서 쓰러졌어요. 하지만 관객들은 몰리에르가 사경을 헤매고 있는 줄은 꿈에도 모르고, 쓰러진 연기를 하는 거라 생각했지요. 결국 몰리에르는 무대에서 죽고 말았어요.

1771년 스웨덴의 왕 아돌프 프레데리크는 식사 시간에 랍스터와 캐비어, 양배추절임과 훈제 청어, 샴페인을 먹었어요. 그리고 마지막으로 스웨덴식 크림빵을 열네 개나 먹었답니다. 이로 인해 프레데리크는 심한 소화 불량에 걸렸고, 결국 뇌졸중으로 죽었어요. 말하자면 죽을 때까지 먹은 셈이에요.

오스트리아의 대공비 마틸데는 남몰래 담배 피우는 걸 좋아했어요. 어느 날, 열여덟 살의 대공비는 담배를 피우고 있다가 아버

지가 다가오는 소리를 들었어요. 아버지는 무척 엄했기 때문에, 마틸데는 불이 붙은 담배를 얼른 뒤로 숨겼지요. 그러다 그만 드레스에 불이 붙었고, 옷은 순식간에 활활 타올랐어요. 마틸데는 심한 화상을 입고 죽었답니다.

클레멘트 발랜디검은 150년 전에 살았던 미국의 변호사예요. 그는 한 살인 사건의 재판에서 피고의 변호를 맡았는데, 피해자가 본인에게 총을 겨누고 쏘았기 때문에 피고는 가해자가 아니라고 주장했어요. 그리고 그 점을 증명하기 위해 판사들이 보는 앞에서 실제 총으로 범죄 장면을 직접 재현하다가, 그만 실수로 자신에게 총을 쏘고 말았어요.

프란츠 라이헬트는 20세기 초에 살았던 재단사예요. 그때 살았던 많은 사람이 그랬듯, 프란츠도 하늘을 나는 걸 꿈꾸었답니다. 그래서 1912년 2월 4일, 프란츠는 수많은 기자가 보는 앞에서 직접 만든 낙하산을 들고 파리의 에펠탑에서 뛰어내렸어요. 하지만 안타깝게도 낙하산은 펴지지 않았고, 프란츠는 카메라로 사진이 찍히는 가운데 추락하고 말았어요.

1911년, 보험가인 보비 리치는 직접 만든 강철 캡슐에 들어가 무시무시한 나이아가라 폭포 아래로 직접 떨어졌어요. 놀랍게도 그는 살아남았어요. 하지만 몇 년 후, 보비는 오렌지 껍질을 밟고 미끄러져 죽었답니다.

이탈리아 국가대표 축구선수인 루치아노 레 체코니는 평소 장난을 많이 치기로 유명했어요. 어느 날, 그는 보석상에 들어가서 "꼼짝 마! 나는 강도다!"라고 신나게 소리를 지르다가 보석상 주인이 쏜 총에 맞아 죽었어요.

30

게리 호이라는 사람은 고층 빌딩의 24층 사무실에서 근무했어요. 그는 커다란 유리창이 있는 자신의 사무실을 무척 자랑스러워했지요. 그래서 손님이 찾아오면 사무실 창문이 얼마나 튼튼한지 보여 주려고 온 힘을 다해 몸을 부딪치곤 했어요. 그러던 어느 날, 너무나 안타깝게도 창틀이 부서지고 말았어요. 그래서 엄청나게 겁먹은 손님들이 보는 가운데 게리는 창밖으로 떨어져 죽었답니다.

2021년에 스페인에서 일어난 일이에요. 어떤 남자가 잃어버린 휴대폰을 찾으려고 광장에 설치된 거대한 공룡 모형에 들어갔어요. 그런데 거침없이 안으로 기어들어 가던 중 예상하지 못했던 일이 벌어졌어요. 거대한 공룡 다리 안쪽에 남자의 몸이 거꾸로 끼고 만 거예요. 안타깝게도 아무도 남자가 공룡 안에 들어갔다는 사실을 몰랐어요. 그래서 며칠 후에야 죽은 채로 발견이 되었답니다.

동물의 죽은 척 능력

어떤 동물은 죽은 척을 아주 잘해요. 예를 들어 주머니쥐는 천적이 근처에 있으면 그 자리에서 바로 죽은 척을 하지요. 갑자기 옆으로 픽 쓰러져서 드러누운 채 눈을 감고 주둥이 사이로 혀를 비죽 내밀어요. 또한 몸에서는 죽은 동물에서 나는 특이한 냄새를 풍겨요. 이게 주머니쥐가 천적을 속이고 죽은 척을 하여 목숨을 부지하는 방법이에요.

죽음에 대해 말하기: 태오 이야기

태오는 양로원에서 관리자로 일하는 간호사예요. 양로원은 노인들이 살면서 돌봄을 받는 곳이지요. 독방에서 생활하는 노인들은 혼자서도 지낼 수 있기 때문에 태오 같은 관리자의 도움이 거의 필요하지 않아요. 하지만 옷을 입거나 식사를 할 때 도움을 받아야 하는 노인도 있고, 몸이 너무 약해진 나머지 일어날 수 없어서 침대에 누워 간호를 받아야 하는 노인도 있어요. 이런 양로원의 삶에서 죽음이란 늘 일어나는 일이라고 해요.

태오, 이 양로원에서 돌아가시는 분은 얼마나 되나요?
1년에 50명에서 60명 정도 됩니다. 평균적으로 보면 일주일에 한 분 꼴이지요.

꽤 많은 수네요. 그럼 어느 계절에 가장 많이 돌아가시나요?
이런 질문을 하면서 "당연히 11월에 많이 돌아가시겠죠?"라고 특정한 시기를 떠올리는 사람도 있는데요. 그럴 때마다 저는 "그럴 리가 있겠습니까?"라고 말씀드립니다. 죽음은 항상 일어나는 일이니까요.

양로원 간호사라는 직업의 특별한 점은 뭔가요?
언제나 사람을 돌봐야 한다는 겁니다. 재미있고 보람차지만, 때로는 어렵기도 하지요. 양로원에 계시는 노인들은 집안 가구처럼 '오늘은 힘드니까 잠깐 구석에 치워 두자.'고 할 수 있는 존재가 아니니까요. 모든 직원이 집에 가는 휴일도 없지요. 우리는 30년간 24시간 돌봄 서비스를 해 왔어요.

어떤 분이 언제 돌아가실지 알 수 있나요?

그건 사람마다 다르지요. 노인 분들은 그다지 아픈 곳이 없었는데 그냥 갑자기 돌아가시기도 하거든요. 그럴 때는 우리가 미리 알 방법이 없지요. 병세가 나빠져서 병원으로 이송되는 분도 있는데, 그런 경우는 대부분 다시 돌아오지 않고 병원에서 돌아가십니다. 그리고 실제로 '아, 뭔가 달라졌네. 이제 돌아가실 때가 됐구나.'라는 생각이 드는 경우도 있어요. 그런 분들은 미리 알아차릴 수 있는데, 그건 야외 수영장에 아이를 데리고 간 것과 비슷합니다. 보호자는 아이가 언제 수영장에서 나와 집에 돌아가야 할지 알잖아요. 죽어 가는 분들은 몸이 약해지고 기운이 없어지면서 예전처럼 움직이지 못합니다. 배가 고프거나 목이 마르지도 않아요. 그래서 간병인과 의사, 친지들이 알아차릴 수 있습니다.

돌아가실 때를 알게 되면 어떻게 해야 할까요?

가장 먼저 해야 할 중요한 질문은 '무엇을 할 수 있고, 또 무엇을 해야 하는가?'입니다. 그런 다음 '환자를 병원으로 옮겨야 할까? 계속 입원해야 한다면 어떤 약을 써야 할까?'에 대한 문제도 생각해야 하지요. 그 시기가 되면 환자가 될 수 있는 한 고통을 느끼지 않도록 하는 게 중요하거든요. 그리고 친지들에게 24시간 언제든 방문할 수 있도록 면회를 허용합니다. 이곳의 좋은 점이지요.

양로원에 계신 노인들과 죽음이나 임종 이야기를 많이 하나요?

아니요. 별로 안 합니다. 그분들이 어떻게 받아들일지, 또 애초에 그런 이야기를 원할지 저는 알 수 없으니까요. 아마도 "아니, 지금은 생각하고 싶지 않습니다."라고 말하는 분도 많을 거라 생각합니다. 어쨌든 지금은 여기서 잘 지내고 있으니까요. 가족과 친지들도 "무슨 소리세요? 우리 엄마는 여기서 마음 편히 지내셔야 한다고요. 기분 좋게 계셔야지 슬픈 생각을 하면 안 돼요!"라고 말할 수도 있고요.

혹시 태오 씨는 본인의 죽음이나 장례식에 대해 생각을 하나요?

저는 죽는 게 그다지 두렵지 않습니다. 게다가 지금은 아직 젊으니까 죽음에 대한 생각을 열심히 할 필요는 없지요. 언젠가는 때가 되겠지만, 지금은 걱정하지 않습니다. 제 고모님은 1년 전에 돌아가셨는데요. 그 장례식이 참 아름다웠습니다. 우리는 고모님을 숲속 묘지에 묻었어요. 화창하고 맑은 날이었죠. 짧은 묵념을 한 다음 시를 한두 편 낭송하고 노래를 불렀어요. 그리고 음악도 곁들였죠. 그때 이런 생각이 들었어요. '숲속에서 장례를 치르니 정말 좋네. 나도 여기서 하면 어떨까?' 나한테도 좋을 것 같다는 생각을 그때 했습니다.

자, 그럼 죽는 이야기는 여기서 끝내도록 하죠!

죽음에 대한 웃긴 이야기
(주의! 안 웃길 수도 있음)

고인의 장례식에 참석한 친구들이
차례로 무덤에 장미꽃을 던졌어요.
마지막으로 민호의 차례가 되자,
그는 종이봉투 하나를 던졌지요.
궁금해진 누군가가 물어봤어요.
"방금 던진 건 뭐예요?"
"치즈샌드위치요."
"네? 죽은 사람이 저걸 어떻게 먹는다는 거예요?"
"아니, 그럼 죽은 사람이
꽃을 꽃병에 꽂아 둘 수는 있고요?"

시한부로 판정된 환자가 의사에게 물었어요.
"선생님, 저는 얼마나 더 살 수 있나요?"
"10…"
"10년이요? 아니면 설마 10개월?"
"9… 8… 7…."

> 자동차가 죽으면 묻히는 무덤은? 부르릉

어느 의사가 환자에게 말했어요.
"좋은 소식과 나쁜 소식이 있습니다. 좋은 소식은 환자분이
아주 희귀하고 치명적인 병에 걸리셨지만,
걸린 후 24시간 안에 제대로 치료만 하면
살 수 있다는 겁니다."
"그렇군요. 그럼 나쁜 소식은 뭐죠?"
"어제 24시간 내내 제가 전화를 했지만 받지 않으셨습니다."

> 아몬드가 죽으면? 다이아몬드

"의사 선생님, 제가 걸린 병이 아주 희귀한 병인가요?"
"아뇨. 아주 흔합니다. 묘지에 가 보면 그 병에 걸려
죽은 사람이 아주 많아요!"

"죽음이란 뭘까?"
"아무것도 안 해도 되는 완벽한 핑계."

죽은 소가 너무 많으면? 산소 부족

"난 죽음에 대해선 잘 모르지만,
보통은 잘 모를 때 죽더라고요……."

깨가 죽으면? 주근깨

"내 친구가 죽음이 두렵다고 운동을 시작했어."
"오, 좋은 결정이네."
"응, 근데 힘들어서 죽을 것 같대."

장례식 설교를 맡은 목사가 말했어요.
"세상을 떠난 고인은 정직한 사장님이자,
좋은 아버지, 성실한 남편이었습니다."
그러자 어떤 조문객이 옆 친구에게 속삭였어요.
"나가자. 우리 장례식장을 착각했어."

얼음이 죽으면? 다이빙

"그 사람은 어디 있습니까?"
"정원에 있어요."
"하지만 정원에 가 봤는데 없던데요."
"땅을 좀 더 깊이 파 보세요."

돌이 죽으면? 고인돌

엄마, 내가 죽으면 어디로 가요? 천국에 가요, 아니면 지옥에 가요?

둘 다 아니야. 넌 박물관에 갈 거야.

죽음은 어떤가요

임종

죽기 전의 두려움

이 세상 그 어떤 사람도 죽음을 제대로 알 수는 없습니다. 그래도 죽는다는 게 어떤 건지 상상하는 사람들은 항상 있어 왔지요.
'지금까지 세상을 살아왔는데, 갑자기 더는 존재하지 않게 되다니!'
이렇게 생각하면 무척 불안하고 무섭기도 해요. 하지만 그럴 때는 주위를 둘러보세요. 나는 물론이고 내가 사랑하는 사람들이 아직 살아 있다는 걸 확인하면 한결 마음이 놓일 거예요.

죽음 자체보다 죽어 가는 시간을 더 걱정하는 사람도 있어요.
'죽어 간다는 건 어떤 느낌일까?'
이런 사람들은 무엇보다 끔찍한 고통이 없었으면 좋겠다고 생각해요. 그리고 오랫동안 고통을 받거나 제대로 죽지 못할까 봐 걱정하지요.
가장 좋게 죽는 게 무엇인지는 학교에서 가르쳐 주지 않아요. 이거다, 하고 말해 줄 사람도 없지요. 죽음은 사람마다 전부 다르고 또 특별하기 때문이에요.
다행히도 임종 과정을 잘 알고 있어서 죽기 몇 주 전이나 며칠

동안 도움을 주는 사람들이 있어요. 예를 들어 요양 보호사는 죽어 가는 사람이 남은 시간을 최대한 잘 보내는 방법을 알고 있어요. 임종을 맞이하는 사람이 잘 소화할 수 있는 음식은 무엇인지, 호흡을 편하게 해 주고 갈증을 해소해 주는 차가 무엇인지 잘 알지요. 그리고 의사는 진통제를 처방해 줄 수 있고요.
익숙하지 않은 상황을 보며 무서워하는 건 아주 당연한 일이에요. 그래서 그 무서운 마음을 털어놓고 이야기하는 게 오히려 좋을 수 있습니다.

죽고 싶은 마음, 죽을 수 있는 마음

인생의 마지막 때가 되어 죽기를 기다리는 사람들도 있어요. 이만하면 충분히 살았다고 생각하는 사람들이죠. 보통은 노인들이 이런 마음을 가지곤 합니다.

또 어떤 사람들은 어린 시절과 청소년기, 성인기를 거치며 살아왔던 오랜 세월을 감사하게 생각하며 또렷이 되돌아보기도 해요. 이제는 삶을 마치고 사랑하는 사람들에게 작별 인사를 하는 게 좋겠다고 느끼지요.

오랫동안 중병을 앓아 온 경우라면 이미 죽을 준비를 해 놓은 사람도 있어요. 독한 약물 치료를 받거나, 그 과정에서 고통을 겪으며 더는 낫지 않으리라는 걸 알고 있기 때문이에요.

하지만 중병 환자나 노인 중에서도 죽고 싶지 않은 사람이 당연히 있어요. 다른 사람은 계속 살아갈 텐데, 나만 곧 죽어야 한다는 게 불공평하다고 생각하지요. 어떤 사람은 아직 해 보지 못한 것에 대해 아쉬움을 갖기도 하고, 하고 싶은 말을 다 못 했다는 기분을 느끼기도 해요. 오래전 싸움을 아직 해결하지 못했거나, 누구에게도 말하지 못했던 사연을 가진 사람도 있지요. 인생의 마지막 때가 되어 이런 감정을 이야기하는 건 좋은 측면이 있어요. 그러면 언젠가 죽음을 받아들일 준비를 할 수 있으니까요.

어떻게 죽는가

옛날에는 집에서 죽는 사람이 대부분이었어요. 증조할머니부터 증손주까지 여러 세대가 한집에 같이 사는 경우가 많았으니까요. 그래서 사람들은 죽음에 대해 잘 알고 있었어요. 죽어 가는 사람을 도와주려면 어떻게 해야 하는지 알았다는 뜻이지요. 또, 죽은 사람은 어떤 모습인지, 시신을 씻기고 준비하는 방법은 무엇인지도 알고 있었어요. 아이들도 당연히 그 과정을 함께 겪었고요. 할머니나 할아버지가 돌아가셨을 때 옆에 있었을 테니까요. 이웃 사람들은 서로 어떤 상황인지 이야기를 나누며 서로를 도와주었지요. 하지만 지금은 많이 달라졌어요. 노인은 대부분 집이 아니라 병원이나 요양 시설에서 세상을 떠나요.

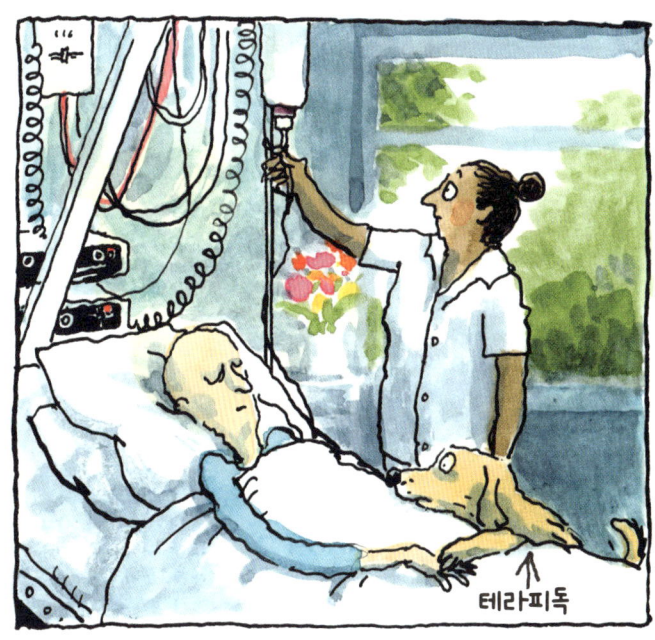

임종이 실제로 어떤지, 또 죽어 가는 사람이 어떤 기분인지는 그 누구도 이렇다 말하지 못해요. 직접 경험한 사람만이 대답할 수 있겠지요. 하지만 죽으면 더는 설명하는 일이 불가능하죠. 게다가 사람의 죽음은 저마다 달라요. 사람의 삶이 저마다 특별하고 독특한 것처럼요.

그래도 죽어 가는 사람의 곁에 함께 있어 주는 게 어떤 건지 아는 사람들은 많아요. 예를 들어 가족과 친구들, 요양 보호사와 의사, 호스피스 병동처럼 특별한 병원에서 근무하는 사람들이 있지요. 이런 사람들에게 질문하면 죽어 가는 사람과 겪은 아주 다양한 경험 이야기를 들을 수 있어요.

실제로 죽음이 시작되는 때는 정확히 알 수 없어요. 평생 움직여 온 몸이 어느 순간부터 서서히 잘 움직이지 않게 되는 것이지요. 이런 상황은 여러 해에 걸쳐 서서히 이루어지기도 하지만, 며칠 내로 갑자기 변하거나 그보다 더 짧게 진행되기도 해요.

예를 들어 죽어 가는 노인은 오랜 시간 일어서 있을 수 없고, 혼자서 옷을 입기도 힘들어요. 대소변을 가리지 못해 기저귀를 차거나 식사를 할 때 옆에서 다른 이가 도와주어야 하지요. 그리고 몸이 점점 약해져요. 수많은 활동이 힘겨워지고요. 숨 쉬는 것도 힘들고, 입맛도 거의 없고, 갈증도 덜 느끼고, 오랫동안 말을 하는 것도 힘들어서 많이 쉬어야 해요.

삶과 죽음 사이는 눈 깜짝할 만큼 짧아요. 아마도 초침이 한 번 움직이는 시간 정도가 아닐까요. 하지만 사람들은 곧바로 몸에서 생명이 사라졌다는 걸 깨닫게 됩니다. 사람이 죽으면 심장이 멈추면서 혈관으로 피가 흐르지 않거든요. 그래서 죽은 사람은 곧바로 창백해지지요. 입술은 분홍빛을 잃고, 손톱은 묘한 흰색으로 변해요. 근육에서도 모두 힘이 빠지지요. 그래서 얼굴은 보통 긴장이 풀린 평화로운 표정을 지어요. 눈을 살짝 뜨거나 입을 조금 벌리기도 하고요.

그래서일까요? 죽어 가는 사람의 영혼이 몸을 떠나는 순간을 깨달을 수 있다고 말하는 이들도 있어요. 그 순간이 지나면 껍데기, 즉 세상에 하나밖에 없었던 사람이 좀 전까지 머물러 있었던 몸만 남는 것이지요.

그러다 어느덧 기력이 부족해져요. 어떤 때는 심한 고통을 느끼지 않으려고 강력한 약을 투여받기도 하지요.

마지막 순간이 되면 죽어 가는 사람들은 대부분 조용해져요. 호흡은 점점 약하고 잦아들지요. 더는 기침을 하지 못해 목구멍에 가래가 모이기 때문에 목에서 거품이 이는 소리가 날 때도 있어요. 한 번 호흡할 때마다 다음 호흡까지 숨이 멈추는 시간이 점점 길어지고요.

그러다 오랫동안 아무런 소리가 들리지 않게 되면, 그제야 그것이 마지막 호흡이었다는 걸 알게 되지요.

아직 살았음!   **죽음**

그 자리에 함께

사람이 죽는 순간을 목격했다면 아마도 평생 그때를 기억하게 될 거예요. 아주 특별한 순간이니까요.

저는 어떤 할머니의 임종을 함께한 적이 있는데요. 그때 큰 감동을 받았어요. 할머니는 병세가 아주 깊으셨는데, 딸이 임신했다는 소식을 들었던 거예요. 그때 전 '이분은 중병이 드셨으니까, 손주가 태어날 때까지 버티지는 못하실 거야.'라고 생각했어요. 출산이 일고여덟 달이나 남아 있었거든요. 그런데 할머니는 손주가 태어나는 날까지 살아 있었어요. 그리고 손주가 무사히 태어났고, 딸도 건강하다는 소식을 듣고 나서야 아주 고요하고 평화롭게 돌아가셨어요.

내가 이제껏 본 임종 중에서 최근 기억에 남은 건 '미라'라는 분의 임종이었는데요. 그분은 고집이 아주 대단했죠. 침대에 누워서 "나는 죽어야 한다는 걸 알아요. 죽음이 느껴진다고. 난 죽고 싶어요."라고 말했어요. 그러고는 잠이 들었다가 다시 깨어나곤 했죠. 그럴 때마다 눈을 크게 뜨고는 "나 아직 안 죽었나요?"라고 물어봤습니다. 그러면 "아뇨. 미라, 다시 누우세요. 괜찮으니까요." 하고 말했죠. 그러면 미라는 다시 베개에 머리를 대고 잠들었어요. 그러기를 몇 번 더 반복했습니다. 마지막으로 깨어났을 때도 묻더라고요. "나 아직 안 죽었어요?"라고. 저 역시 "미라, 이제 주무세요. 제가 옆에 있을 테니까요."라고 말했죠. 그러고서 미라는 아주 평화롭게 세상을 떠났습니다.

나는 남편이 세상을 떠난 집 이야기를 알고 있어요. 그분이 세상을 떠날 무렵, 아내와 두 딸은 24시간 내내 그분을 보살폈죠. 그러던 어느 날 밤에 어머니와 딸 하나가 주방에 앉아서 차를 마시는 동안, 남은 딸이 아버지의 병상을 지키고 있었어요. 그런데 그만 그 딸이 피곤해서 잠들어 버린 거예요. 바로 그 순간에 그분은 돌아가셨다고 해요. 마치 혼자서 죽을 시간을 고른 것처럼 말이죠.

우리 어머니는 멀리 사는 자녀와 손주와 형제자매가 다 올 때까지 기다리셨어요. 모두가 어머니 침대 주위에 둘러앉았죠. 어머니는 우리 모두를 하나씩 안아 주며 작별 인사를 하셨어요. 그러고서야 눈을 감고 누우셨죠. 그런데 어머니의 숨소리가 거칠어지더니, 갑자기 불안해하면서 침대에서 벌떡 일어나려고 하더라고요. 그때 아버지가 어머니를 안아 주면서 "당신 몸은 너무 약해. 그러니 이제는 가도 괜찮아."라고 말씀하셨어요. 어머니는 그 말을 듣고 마음을 가라앉혔어요. 효과가 있었던 거예요. 그리고 몇 분 후에 어머니가 마지막 숨을 거두셨어요.

어머니는 돌아가신 후에도 침실에 이틀 동안 머물렀어요. 자녀들과 손주들이 침대 옆으로 계속 찾아왔지요. 침실 밖에서는 여전히 삶이 활기차게 흘러갔어요. 요리도 하고, 전화 통화도 하고, 울기도 하고, 커피를 마시고, 이야기도 나눴죠. 다섯 살 먹은 손녀 둘은 주방에서 뭘 하고 놀까 상의를 하더라고요. "이제 우리 그림 그릴까? 아니면 서커스 놀이 할까? 아, 아니다! 할머니 보러 가자!" 그러더니 돌아가신 할머니를 보러 방에 들어갔지요. 우리가 다 같이 모여 있다는 게 어쩐지 아주 일상적이고 아름다워 보이더라고요. 물론 너무 슬프기도 했지만요.

임종 과정에서는 설명하기 힘든 놀라운 일들이 종종 벌어지지요. 호스피스 병동에서 일어난 일 중에서 내가 가장 좋아하는 이야기가 하나 있습니다. 죽기를 무척 무서워했던 할머니가 한 분 계셨는데요. 다른 분들과 마찬가지로 그 할머니 역시 인생의 마지막 날이 아주 특별했죠. 임종 때는 이분이 벌써 돌아가셨는지, 아니면 곧 돌아가실 건지, 혹시 아직은 의식을 되찾을 수 있는지 정확히 알기 어려운 경우가 종종 있습니다. 이 할머니는 돌아가셨나 생각했을 때 갑자기 눈을 번쩍 떴어요. 그리고 아주 침착하고도 어쩐지 행복한 기색으로 "난 이미 거기 갔었어요. 그쪽 문을 넘어갔다고요. 참 아름다웠죠! 그런데 갑자기 중요한 일이 생각나서 다시 돌아왔어요. 지금 당장 송금을 해야겠어서요."라고 말했어요. 정말로 그 할머니는 손녀에게 돈을 보낸 다음 세 시간 후에 평화롭게 세상을 떠났습니다.

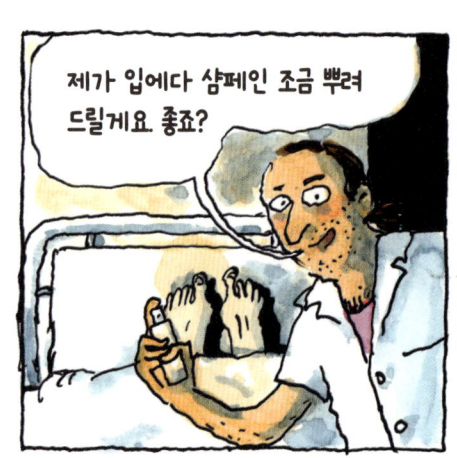

사망

내 주변의 누군가가 죽었다고 생각해 볼까요? (생각만 해도 슬프군요.) 그 사람이 세상을 떠났다 하더라도, 여러분이 알고 지내며 사랑하고 함께 살았던 사람이었다는 건 변함없어요. 하지만 이제는 예전과 같은 사람이 아니지요. 세상을 떠났으니, 지금은 시신만 남아 있게 됩니다. 시간이 오래 걸리더라도 그 사실을 이해할 수 있다면 참 좋겠지만, 아무리 노력해도 도무지 이해할 수 없는 부분이긴 해요.

사람이 죽었다는 사실은 신체의 다양한 신호를 통해 알 수 있어요. 심장이 뛰지 않고, 호흡이 멈추고, 몸은 아무런 반응을 하지 않아요. 점점 몸이 차가워지고요. 공식적으로는 의사가 죽음을 알려 주는 사망 징후를 확인하고 사망 선고를 해야 해요.

사망 징후에는 이런 것들이 있어요.

시반(屍斑)

시반은 죽은 사람의 피부에 생기는 반점이에요. 심장이 뛰지 않기 때문에 더는 몸에 피가 돌지 않게 되고, 그러면 붉은 피는 중력을 받아 아래로 가라앉아요. 그래서 죽은 사람의 피부는 혈색이 없어지고 창백해 보이는 거예요. 주로 시신의 아래쪽에서 붉은색 또는 연보라색의 반점인 시반을 볼 수 있어요. 이는 의사가 사망 선고를 내리기 위해 눈으로 확인할 수 있는 징후가 되지요. 만약 팔이나 다리가 침대 아래로 떨어져 있으면 그 부위에 시반이 생겨요. 반면 어깨나 엉덩이처럼 몸의 무게를 많이 받치는 부위에는 시반이 생기지 않아요. 그래서 그쪽 피부는 그대로 유지됩니다.

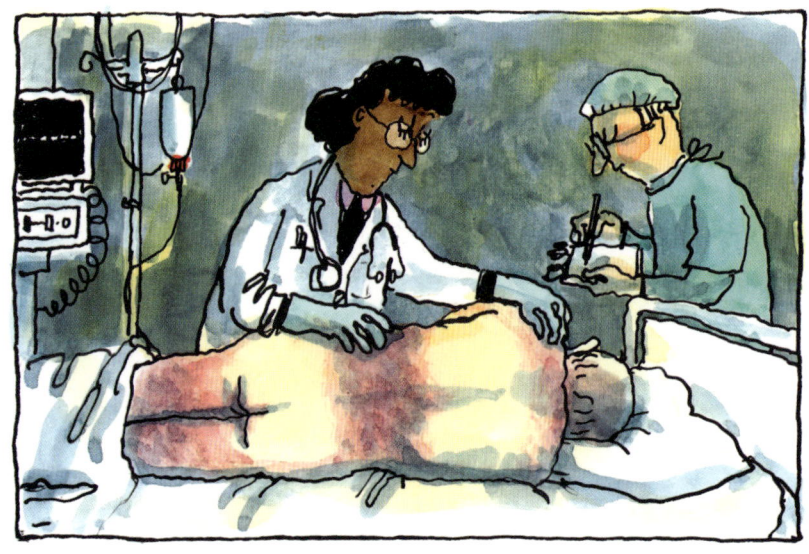

사후 경직

사람이 죽으면 처음에는 근육에 모두 힘이 없어지고 긴장이 풀려요. 그래서 방금 죽은 사람을 보면 마치 잠든 것처럼 얼굴이 아주 평온해 보이지요. 하지만 몇 시간 후에는 시신이 인형처럼 뻣뻣해져요. 쉽게 몸을 움직이게 만들 수가 없지요.

죽은 후에는 근육을 유연하게 만드는 물질이 공급되지 않아서 근육이 그 상태 그대로 굳어 버리는 거예요. 그러니 사람이 죽으면 곧바로 눈을 감기고 입을 다물려 주는 편이 좋아요. 그때는 아직 근육이 부드러우니까요.

장례 지도사는 시신을 부드럽게 문지르고 조심스럽게 구부려서 사후 경직을 풀어 줄 수 있어요. 고인에게 곱게 옷을 입히고 손을 가지런히 포개 놓기도 하지요. 사망 후 이틀에서 사흘이 지나면 다시 근육이 느슨해지면서 사후 경직이 사라진답니다.

염습

전 세계적으로 죽은 사람을 단장하는 전통은 언제나 존재했어요. 조심스럽게 눈을 감기고 입을 다물리고 시신을 닦고 빗질한 다음 새 옷을 입히고 침대나 관에 눕히지요. 보통 이렇게 단장을 마치고 나서 고인과 마지막으로 인사를 나누게 됩니다.

우리나라의 경우는 시신을 단장하는 과정을 '염습'이라고 해요. 시신을 정성스럽게 닦은 후 수의를 입히고 염포라는 베로 돌돌 묶지요. 옛날에는 집 안에서 가족들이 염습을 진행했지만, 요즘에는 장례 지도사가 고인을 단장하는 경우가 많아요. 장례업을 직업으로 가진 사람들은 죽은 사람을 단장하고 장례를 치르는 과정에서 해야 하는 모든 일을 처리하지요.

어떤 나라에서는 가족이나 친구처럼 고인과 인연이 있는 사람에게 단장을 도와주고 싶은지 물어보기도 해요. 이 과정에 참여하면 사랑하는 사람을 마지막으로 만져 보고 쓰다듬으며 화장품을 바르고 머리를 빗겨 줄 수 있으니까요. 만약 집에서 죽는 사람이라면 시신을 단장할 시간이 더 많이 있겠지요.

지금 막 죽은 사람의 시신을 단장할 때 사용하는 물건을 알아보겠습니다.

- 물과 세정용 타월: 고인의 몸을 닦는 데 써요. 요즘은 알코올 솜으로 닦는 경우가 많아졌다고 해요.
- 비누와 향유
- 젖은 수건과 마른 수건
- 작은 수건: 시신의 입이 열리지 않도록 돌돌 말아서 턱 밑에 고정해 둡니다.
- 얇은 스카프: 턱과 머리 둘레를 묶어 고정하는 용도예요. 이것도 시신의 입이 열리지 않게 만드는 방법이지요. 하지만 너무 세게 묶으면 시신에 자국이 날 수 있으니 조심해야 해요.
- 손톱깎이: 발톱과 손톱 주변 피부가 오그라들기 때문에 시신의 손톱과 발톱이 길어 보일 수 있어서 깎아 주면 좋아요.
- 샴푸
- 헤어드라이어와 빗
- 면도기
- 로션과 핸드크림
- 패드 또는 기저귀: 시신의 근육은 모두 느슨해져요. 그래서 대소변을 막는 근육도 느슨해지지요.
- 고인이 좋아하던 옷
- 고운 이불

알아 두세요!

시신을 단장할 때나 옮길 때, 낮은 신음이 들릴 때도 있어요. 이건 시신의 폐에 남아 있던 공기가 성대를 지나 입 밖으로 흘러나오면서 생기는 소리예요. 너무 놀라지 마세요.

죽음에 대해 말하기: 마틴 이야기

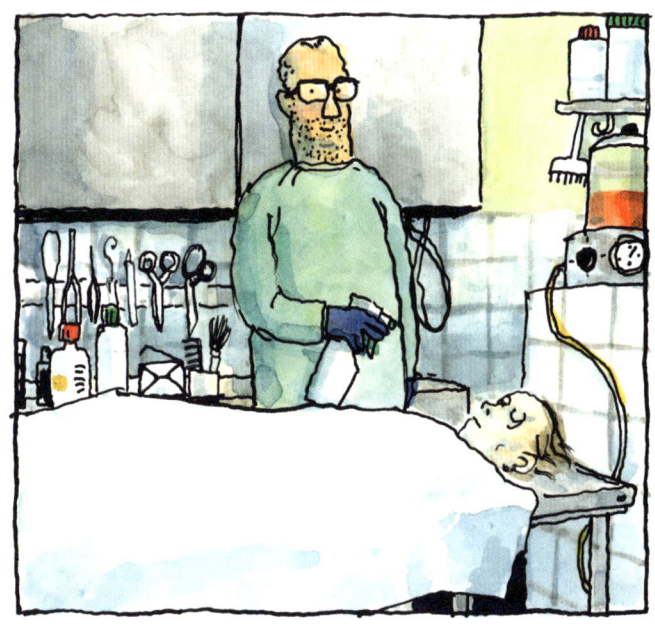

마틴의 직업은 장례 지도사예요. 죽은 사람을 단장하고 장례식을 준비하는 일을 하지요. 마틴은 특수한 자격증도 갖고 있어요. 시신이 좀 더 오랫동안 썩지 않고 잘 보존되도록 수습하는 기술입니다. 가끔 아주 심한 사고가 나면 호출을 받아서 훼손된 시신을 깔끔하게 정리해 주기도 해요. 고인의 가족과 친구들이 시신을 보고 충격받는 일 없이 작별 인사를 할 수 있게 도와주지요.

시신을 단장할 때는 어떻게 하세요?
보통 두 명이 함께 작업합니다. 시신을 씻기고, 머리를 빗기고 치아와 입을 닦아 줍니다. 그리고 수분 크림을 바르지요. 원하는 경우에는 시신에 화장을 하기도 합니다. 그리고 고인이 생전에 좋아하던 옷을 입히지요. 제가 언제나 하는 말이 있는데요. 세상을 떠나는 '마지막 여행'을 할 때는 자기 마음에 드는 옷을 입고 가는 게 좋다는 겁니다. 고인이 마음에 들어 하는 옷은 운동복일 수도 있고, 헐렁한 티셔츠에 바지일 수도 있지요.

수건

단장은 얼마나 걸리나요?
보통 45분에서 길게는 한 시간 반까지도 걸립니다. 상황에 따라 다르지요. 우리는 사망한 지 얼마 안 된 분들을 받을 때가 종종 있습니다. 예를 들어 병원에서 사망 선고를 받고 오신 분들이 그렇지요. 그때는 튜브와 수액 봉지를 제거하고 상처가 있다면 꼼꼼히 봉합합니다.

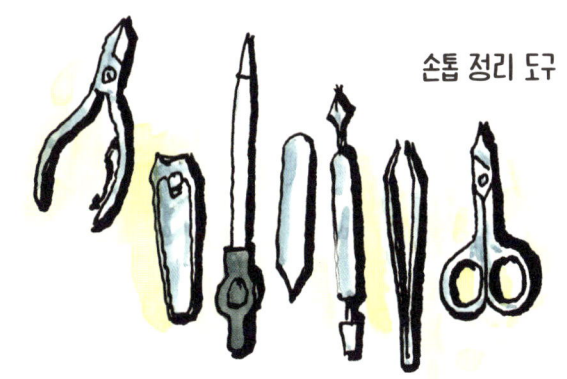

손톱 정리 도구

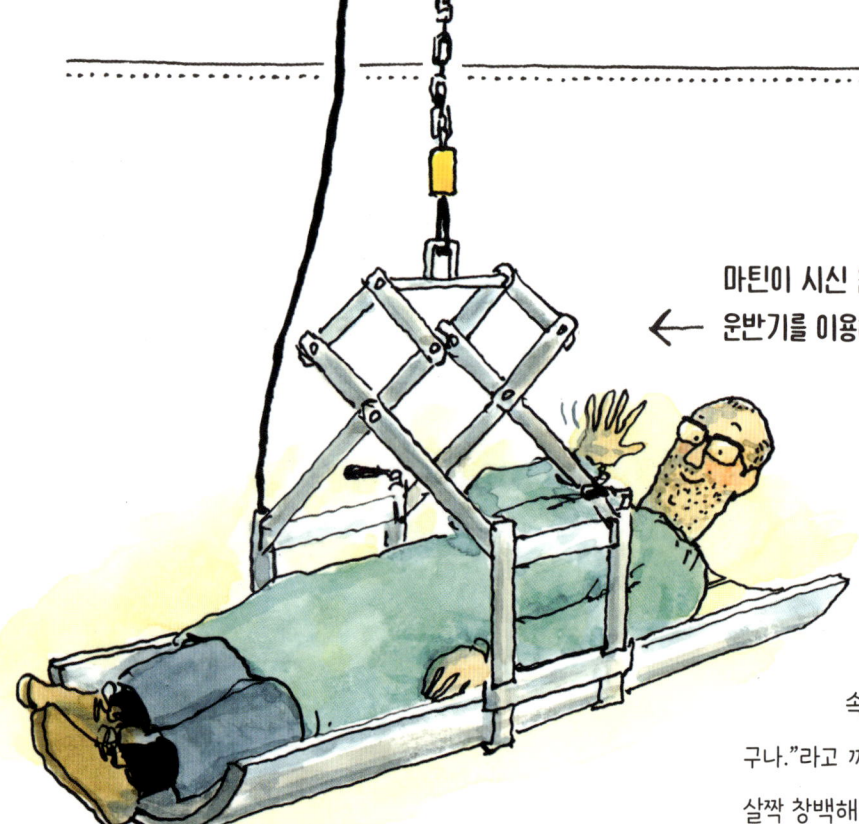

마틴이 시신 운반기에 누운 모습을 보여 주고 있다. ← 운반기를 이용하면 시신을 쉽게 들어 올릴 수 있다.

화장은 요청이 있을 때만 합니다. 물론 저는 시신에 화장을 하고 방부 처리를 해서 멀쩡해 보이게 만들 수도 있습니다. 일가친척들이 "한창때처럼 보여요! 살아 있을 적보다 좋아 보이는데요!"라는 말이 나오게 할 수 있지요. 하지만 그러다가도 머릿속에서 정신이 번쩍 듭니다. 아니야, 다들 "그래, 돌아가셨구나."라고 깨달을 수 있게 두어야겠다고요. 시신의 입술이나 손톱이 살짝 창백해진 걸 지켜보게 말입니다. 고인의 변한 모습을 볼 수 있게 해야 한다고, 저는 생각합니다.

우리는 시신의 모든 부분을 깨끗하게 닦은 다음 솜으로 콧구멍을 막습니다. 파리가 시신에 날아오면 가장 먼저 알을 낳는 부위가 콧구멍이거든요. 당연히 그런 일은 있어서는 안 되죠. 그래서 파리가 싫어하는 소독제를 사용합니다. 그런 다음 시신에 수분 크림을 바르고 손을 마사지하지요.

클렌징 로션과 소독제

시신을 단장할 때 사후 경직이 일어나나요?

모든 시신에서 다 일어납니다. 많이들 사후 경직 때문에 뼈를 부수어야 한다고 생각하지만, 저는 아니라고 말씀드리겠습니다. 그건 다 헛소리예요. 시신을 이리저리 조심스럽게 움직이면 경직이 풀립니다. 보통은 손에 크림을 바르는 걸로 단장을 시작합니다. 이렇게 하면 유족이 원하는 경우 시신의 손을 접어 드릴 수도 있지요. 다음으로는 손목과 팔꿈치 등을 이어서 마사지합니다. 일단 경직이 풀리면 나중에 다시 경직이 일어나지는 않습니다.

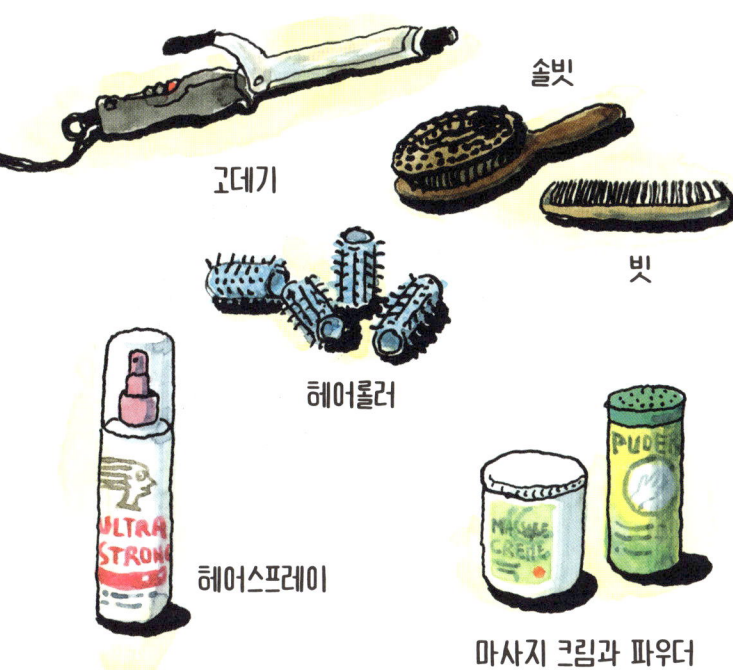

고데기
솔빗
빗
헤어롤러
헤어스프레이
마사지 크림과 파우더

마틴은 '시체' '고인' '사망자' 같은 여러 가지 말 중에서 실제로 어떤 말을 쓰시나요?

저는 '고인'이라는 말을 씁니다. 하지만 고인을 단장할 때는 이름을 말하는 걸 선호하지요. 예를 들어 "자, 철호 씨, 저희가 이제부터 아름답게 해 드리겠습니다!" 하고 말이죠. 물론 이러는 걸 이상하게 보는 사람도 있습니다. 작업대 위에 있는 건 그저 시체일 뿐이고, 정신이나 영혼은 이미 어디론가 떠나 버린 상태라고요. 저는 신이 정말로 있는지 없는지는 모릅니다만, 그래도 저 위에 무언가 있다는 생각을 합니다. 그리고 언젠가는 고인이 되신 분들도 모두 다시 만나게 될 거라고 생각합니다. 그땐 저에게 "아휴, 그때 저를 곱게 단장해 주셨잖아요."라고 말할 거라고 믿습니다.

방부 처리란 무엇인가요?

시신을 보존할 수 있도록 만들어 주는 겁니다. 기계 장치를 이용해서 묵은 피를 시신에서 빼낸 다음 보존액을 주입하지요. 방부 처리는 보통 사망자를 해외로 운구하기 위해 합니다. 아니면 사고를 당한 시신을 방부 처리하기도 합니다. 이런 처리를 해 두면 조직이 튼튼해져서 고인이 친지와 작별 인사를 나누기 전에 시신 단장 작업을 잘할 수 있습니다.

면도기와 면도 크림

몇 년 전에 끔찍한 사고를 당한 청년을 단장한 적이 있었습니다. 청년의 아버지가 저에 대한 이야기를 들었는지 직접 찾아와 말씀하셨죠. "아들을 마지막으로 한 번 봐야 합니다. 못 보면 안 될 것 같아서요. 그 애를 준비시켜 주실 수 있습니까?" 그래서 우리는 아드님을 잘 꿰매고 곱게 단장해서 눕혀 주었죠. 동료와 둘이서 아홉 시간을 작업했습니다. 일이 다 끝났을 때 아버지가 와서 보시더니 "그래요, 내 아들이네요!"라고 말씀하셨어요. 그분은 돌아서서 저를 껴안더니 "고맙습니다!"라고 한마디를 남기셨지요. 아들을 마지막으로 볼 수 있게 되었던 게 그분에게는 중요한 일이었어요. 뭐, 당연하잖아요.

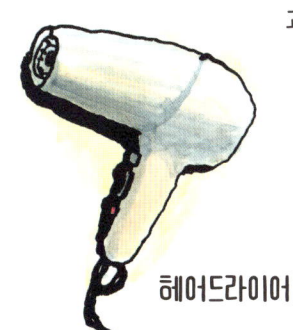

헤어드라이어

고인을 추억하기 위해…….

고인의 얼굴 본을 뜰 때 마틴이 사용하는 석고

데스마스크(죽은 사람의 얼굴에 본을 떠서 만든 것으로, 서양에서는 고인의 무덤을 얼굴로 장식하는 풍습이 있음)

지문 스캐너

지문을 채취해서 고인을 기리는 기념품을 만들 수 있음

작업하면서 슬픈 적이 있나요?

우리는 슬퍼하지 않습니다. 가족들은 살아 있잖습니까. 게다가 고인과 작별 인사를 하는 자리에서 일가친척들이 많이 웃는다니까요!

최근에는 아빠의 장례를 치른 따님이 있었습니다. 딸은 평소 아빠 앞에서 자주 노래를 부르고 공연을 했다고 합니다. 그러다 아버지가 병원에 입원한 지 얼마 안 돼 돌아가셨죠. 그래서 제가 "그럼 여기서 또 해 보세요!"라고 권유했어요. 다음 날 따님은 키보드를 가져와서 아버지 관 앞에 설치한 뒤 한 시간 동안 콘서트를 했습니다. 아버지와 함께 연주하고 노래를 불렀지요. 참 멋있었어요!

나중에 우리는 가족들에게 "이제 저희는 가 보겠습니다. 여러분은 계속 고인과 시간을 보내세요. 저 바깥에 커피 마실 곳이 있으니 편하게 이용하시고요."라고 말했습니다. 그러다 한 시간 후에 다시 장례식장으로 갔더니, 관 옆에 커피가 한 잔 있더라고요. 따님이 그러더군요. "아빠한테 커피 한 잔 가져다드렸는데, 별문제 없겠죠?"

물론 커피는 다 식었고, 아버지는 이제 커피를 마시진 못하지만, 따님은 그래도 괜찮다고 생각한 거예요. 물론 저도 그랬고요!

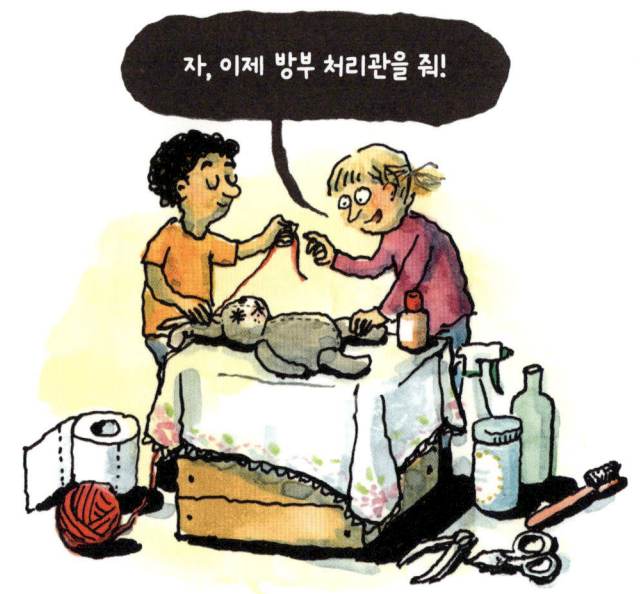

자, 이제 방부 처리관을 줘!

죽은 사람이 무서워요

죽은 사람을 보는 게 무섭다고 생각하는 사람도 있어요. 혹시 아직도 움직이는 건 아닌지, 갑자기 눈을 뜨는 건 아닌지 걱정이 들기도 하지요. 하지만 그런 일은 일어나지 않아요. 죽은 사람은 정말 죽었답니다.

우리는 대부분 영화나 뉴스 기사를 통해 죽음을 접하는 경우가 많아요. 그래서 죽은 사람과 한자리에 있다는 게 나쁜 일이 아니라는 사실을 알 기회가 거의 없지요. 하지만 막상 같은 자리에 있다 보면, 아주 평화롭고 고요하며 차분한 분위기를 마주하게 될 때가 많습니다.

간병인과 의사, 장례 지도사들은 죽은 사람을 마주하고 다루는 게 일상적인 일이에요. 그래서 이들은 우리가 무서워하지 않고 사랑하는 고인에게 작별 인사를 하도록, 또 원한다면 고인을 다시 볼 수 있도록 조심스럽게 도와주곤 합니다.

어떤 사람은 사랑하는 사람이 죽은 모습을 보면, 나중에 이 모습만 기억에 남을까 봐 시신을 보는 걸 피합니다. 물론 아끼던 사람이 죽어서 누워 있는 광경은 아마 평생 잊을 수 없겠지요. 살아 있을 때와는 완전히 다른 모습일 테고요. 하지만 시간이 지나면 그보다는 고인이 생전에 함께 살아가던 모습을 더 많이 떠올리게 될 거예요. 만약 그래도 시신을 보는 게 무섭다면, 처음에는 손 같은 곳부터 보는 것도 괜찮답니다.

어떤 사람은 시신을 만지는 걸 무서워하기도 해요. 죽은 사람의 피부는 유리처럼 차갑거든요. 살아 있는 사람의 따뜻한 온기가 아니라 죽은 사람의 차가운 냉기를 느낀다는 게 어쩐지 해서는 안 될 일 같기도 하고요. 하지만 사랑하는 사람이 이제는 살아 있지 않다는 걸 직접 느껴 보는 편이 남아 있는 사람에게는 도움이 됩니다. 그러니 만약 무섭다면, 역시 손부터 살짝 만져 보는 것도 괜찮습니다.

죽은 사람을 보거나 만지고 싶지 않다고 해도 전혀 이상한 일은 아니에요. 그러나 용기가 없어서 그런 거라면, 용기를 가질 수 있도록 다른 사람들과 함께한 자리에서 고인을 마주하는 것도 좋은 방법이에요. 하지만 마지막 작별 인사를 꼭 보면서 할 필요는 없어요. 관을 닫은 상태나 유골함을 보면서도 얼마든지 평화롭게 작별 인사를 할 수 있답니다.

죽은 사람 만나기: 마틴 이야기

장례 지도사 마틴을 따라 자그마한 방으로 가 봤어요. 그곳에는 받침대 위에 관이 하나 올려져 있었지요. 창문이 살짝 열린 방은 꽃과 촛대로 장식해 놓았고요. 관에 사람이 누워 있다는 사실을 알자마자 호기심과 더불어 불안한 마음이 함께 들었답니다.

마틴: 지금은 관을 닫아 두긴 했지만, 고인을 만나기 원하신다면 열어 드리겠습니다.

마틴은 관 뚜껑을 열고 옆으로 치웠어요. 안에는 하얀 수염을 기른 할아버지가 파란 스웨터 차림으로 누워 있었지요. 폭신한 베개를 벤 할아버지는 눈을 감고 있었어요. 귓가는 연보랏빛이 도는 푸른색이었지요. 하얀 시트 위로 겹쳐 놓은 손이 보였는데, 손끝도 짙은 보라색이었어요. 할아버지는 마치 잠든 것처럼 보였어요.

마틴: 이분이 입으신 옷은 본인 겁니다. 시신의 귀는 보통 파란색인데, 그건 산소가 부족해서 나타나는 현상이지요. 처음에는 원래 피부색이었어요. 여기를 보시죠. 이분은 병원에서 마지막 순간까지 산소마스크를 쓰고 계셨기 때문에, 여기 자국이 남았습니다. 이제 자국이 점점 더 뚜렷해지기 시작했죠.

언제 돌아가셨나요?
마틴은 시신의 발치에 놓인 서류를 들더니 말했어요. "……일요일에 사망하셨네요. 오늘은 화요일이고요."

고인을 만져 봐도 될까요?
마틴: 네, 만져 보세요.

예의를 갖추어 조심스럽게 시신의 손을 만져 보았더니, 피부가 부드러우면서도 아주 차갑게 느껴졌어요. 하지만 무서울 정도는 아니었어요. 할아버지가 편안한 옷차림으로 평화로이 누운 모습이 좋아 보였지요. 시트 아래로 청바지를 입고 남색 모직 양말을 신고 있었어요. 종아리 부분을 조심스럽게 만졌더니, 느낌이 마치 살아 있는 사람 같았어요. 다만 차가웠을 뿐이죠.

이분은 정말 멋있어 보이는데요.
마틴은 관 안쪽을 가리키며 말했어요. "여기 보시면 우리가 관에 댄 안감이 있습니다. 마지막 작별의 순간에 시신이 깔끔하게 보이도록 단장한 거죠. 조금 더 아름답게 보이도록 안감 가장자리에 장식도 추가로 달았습니다. 지금 모습이 작별 인사를 하면서 마지막으로 남게 될 테니까요. 이분은 평소에 입던 옷을 곱게 차려입으셨어요. 이건 우리가 언제나 중요하게 생각하는 부분입니다. 그리고 고인이 관에 안치된 모습을 사진으로 남겨 둡니다. 그런 다음 촛불을 켜고 일가친척들이 볼 수 있게 하지요. 종종 가까운 이들은 매일 와서 오랜 시간 동안 머무르기도 합니다. 그러니까 저는 한동안 이분들과 함께 지내는 사람이라고 할 수 있습니다."

가사 상태

몇백 년 전만 해도 사람들은 죽지 않았는데 실수로 사망 선고를 받을까 봐 무척 두려워했어요. 그때는 장례식을 치르다가 관 속에서 두드리는 소리가 났다는 무시무시한 이야기도 꽤 전해졌지요. 산 채로 무덤에 묻혔다가 극적으로 구조된 사람도 있었고요. 옛날 사람들은 확실한 사망 징후에 대해 잘 몰랐기 때문에 생긴 일이에요.

그래서 그 당시에는 나름대로 죽은 사람이 혹시 아직 살아 있는지 확인하는 다양한 방법이 있었어요. 그중 하나는 죽은 사람의 입 앞에 거울을 대고 입김이 나는지 보는 것이었지요. 물이 담긴 그릇을 가슴에 올려 두고 수면이 움직이는지 살펴보기도 했고, 발톱 밑에 바늘을 꽂거나 심장을 찔러 보기도 했어요.(까악) 죽은 사람의 귀를 간지럽히거나, 귀에 대고 나팔을 불기도 했고요. 심지어 무덤에 시신을 묻으면서도 혹시 살아날까 싶어 관을 꽂아 신선한 공기를 넣어 주기도 했어요. 또, 관에 시신을 넣으면서 종을 함께 넣어 주는 경우도 많았어요. 그러면 다시 살아났을 때 종을 울릴 수 있으니까요.

그러다 결국 사람들은 관을 통째로 보관하는 묘실을 만들자는 생각을 떠올렸어요. 여러 구의 시신을 묘실에 보관하면서 시신이 썩는 걸 확인할 수 있게 말이지요. 그런 다음부터는 산 사람을 잘못 묻는 일이 절대로 일어나지 않았답니다.

덴마크의 유명한 아동문학가인 한스 크리스티안 안데르센은 죽지 않았는데 실수로 매장될까 봐 무척 무서워했어요. 그래서 안데르센은 매일 밤 침대 옆에 "나는 죽은 것 같지만 안 죽었습니다!"라고 쪽지를 써 두고 잤지요. 누군가 자신이 잠든 모습을 보고 죽었다고 착각하지 않도록 말이에요.

다행히도 현대에는 실수로 살아 있는 사람을 매장할까 봐 걱정하지는 않아도 돼요. 의사가 뚜렷한 사망 징후를 확실하게 알고 있으니까요. 사람이 정말 죽었는지 확인하기 위해서 수많은 절차를 거친답니다.

옛날의 의식

죽은 이를 대하는 의식과 전통은 수백 년 전부터 전해 내려왔어요. 이런 의식은 옛날 사람들의 상상에서 비롯될 때가 많았지요. 영혼에 대한 믿음이나, 죽음이 인간의 형상으로 나타난다는 믿음과 관계가 있기도 해요. 이런 관습 중에는 지금까지 지켜지는 것들도 있어요. 또 널리 알려지지는 않았어도 특정 마을이나 외진 곳의 노인들이 지금까지 기억하고 있는 관습도 있지요. 물론 대부분은 오래전에 잊혀서 사라진 경우가 더 많습니다.

이런 의식이 있으면 좋은 점이 있어요. 힘든 상황에서도 무언가를 할 수 있으면 아무것도 할 수 없다는 무력감을 덜 느끼지요.

또한 사람이 죽었다는 사실을 천천히 이해하고 받아들이기도 좋아요. 오늘날에는 이런 의식과 전통에 대해 조문객들에게 설명해 주는 장례 지도사들이 점점 늘어나고 있습니다.

옛날의 다양한 장례 의식을 알아볼까요?

- **창문 열기:** 창문을 열어 두면 몸에서 나온 영혼이 창밖으로 날아갈 수 있다고 생각했어요. 그래서 창문 사이에 작은 구멍을 뚫어 놓고 나무 마개로 막아 두었는데, 이것을 '영혼의 창문'이라고 불렀어요. 그리고 그 집에 사는 식구가 죽으면 나무 마개를 빼어 이 창문을 열었지요.

- **초혼:** 죽은 사람의 옷을 가지고 지붕으로 올라가, 북쪽을 향해 휘두르면서 "복! 복! 복!" 하고 세 번 불러요. 이는 죽은 사람의 혼이 북쪽 하늘로 가고 있다고 생각해 다시 돌아오라고 부르는 거예요. 이렇게 해도 살아나지 않으면 비로소 죽은 거라 생각했어요.

- **시계 멈추기:** 죽은 사람과 남은 일가친척을 위해 시간을 멈추는 의식이에요. 그리고 시곗바늘이 시끄럽게 똑딱거리면 영혼이 하늘나라로 가는 길을 방해할 거라는 걱정도 있었어요.

- **거울 가리기:** 죽은 사람을 거울에 비추는 행동을 금지했어요. 그래서 거울에 천 같은 걸 덮어 두었지요. 그렇지 않으면 다른 사람이 또 죽을 거라고 생각하며 두려워했어요.

- **밤새우기:** 사람들은 고인과 마지막 작별 인사를 할 수 있도록 시신 옆에서 밤을 지새웠어요. 밤새 이웃과 친구들이 모여 함께 노래하고 기도하고 먹고 마시며 깨어 있었지요. 이것은 고인을 유령이나 귀신에게서 보호하는 방법이기도 했어요.

- **초 켜기:** 사람이 죽으면 촛불을 하나 켜 두고 시신을 매장할 때까지 꺼뜨리지 않았어요. 그 촛불이 고인이 하늘나라로 가는 길을 비추어 주는 길잡이라고 생각했거든요. 또한 촛불의 빛으로 어둠 속에서 사람들에게 두려움을 주는 악마를 몰아낼 수 있다고 믿었지요.

- **수의:** 시신에 입히는 옷은 주로 흰색이었어요. 수의를 깨끗이 빤 다음 시신에 입혔지요. 어느 지역에서는 결혼 선물로 수의를 주기도 했어요. 선물을 받은 사람은 옷장에서 수의를 볼 때마다 언젠가 저 '마지막 옷'을 입게 될 거라는 사실을 떠올릴 수 있었지요. 항상 죽음을 기억하라는 뜻이었대요.

- **조종:** 유럽의 많은 교회에 있는 종탑에는 사람이 죽었을 때만 울리는 특별한 종이 있었어요. 그 종을 울려 모든 마을 사람에게 소식을 알렸지요. 종소리를 다르게 내서 죽은 사람이 여자인지 남자인지 알릴 수도 있었다고 해요.

- **운구:** 시신이 든 관을 집 밖으로 옮길 때는 꼭 발이 먼저 나가도록 했어요. 그래야 죽은 다음에 다시 집으로 돌아올 생각을 하지 못한다고 믿었어요.

- **장례 합창단:** 서양의 많은 지역에 있는 풍습이에요. 관을 운구해서 마을에서 나와 묘지로 운반할 때 장례 합창단이 노래를 부르며 함께 이동했어요.

- **곡비:** 조선 시대에는 장례식 때 돈을 받고 울어 주던 사람, 곡비가 있었어요. 이는 많은 문화권에서 나타나는 직업이에요. 이들은 큰 소리로 울고, 구슬프게 흐느끼고, 머리카락을 잡아 뜯고, 기도를 하고, 춤을 추고, 통곡을 하거나 비명을 지르기도 했어요. 조문객들은 곡비의 행동을 보면서 자신의 감정을 한층 쉽게 드러낼 수 있었지요.

- **상복:** 많은 나라와 지역에는 유족들이 엄격하게 지켜야 하는 복장 규정이 있어요. 누가 죽었는지에 따라 길게는 3년까지 상복을 입고 지내기도 했지요. 주로 흰색이나 검은색 옷을 입었어요. 일정 기간이 지나고 난 후에는 조금씩 색깔 있는 옷을 입을 수 있었어요.

마지막 인사 하기

누군가가 세상을 떠나면 우리는 작별 인사를 해야 해요. 이것은 죽은 사람도, 남겨진 사람도 해야 하는 일이지요.

우리는 이별이 얼마나 마음 아픈 일인지 알고 있어요. 예를 들어 친한 친구가 다른 동네로 이사를 갔다거나, 가족 중 누군가 따로 떨어져 살아야 할 때 느낄 수 있지요.

하지만 누군가가 죽는다는 건 좀 다른 상황이에요. 죽음은 영원한 이별을 뜻한다는 사실을 모두 알고 있으니까요. 이 사람과 다시는 만날 수 없고, 앞으로 웃거나 싸울 수도 없지요. 남겨진 사람은 차츰차츰 죽음이 무엇인지 알아 가게 됩니다. 그래도 누군가에게 작별 인사를 하는 게 이토록 마음 아픈 이유가 그 사람을 무척 사랑했기 때문이라는 걸 알면 조금이나마 위안이 됩니다.

마지막 작별 인사를 하는 방식은 저마다 달라요. 그건 마치 기차역에서 헤어지는 풍경과 비슷해요.

어떤 사람은 기차역 승강장에서 많은 친구와 작별 인사를 하며 기차를 타는 게 멋있다고 생각해요. 모두 한 번씩 포옹을 하면서 함께했던 시간을 떠올리지요. 그리고 기차에 타면 다들 슬픔과 고마움을 동시에 느끼게 돼요.

반대로 혼자서 조용히 승강장에 가는 걸 좋아하는 사람도 있어요. 이런 사람들은 미리 짧게 작별 인사를 하는 편이 좋다고 생각해요. 그리고 기차가 출발할 때 뒤돌아보지 않고 혼자 떠나는 것에 만족한답니다.

어떤 사람들은 좀처럼 헤어지지 못하기도 해요. 기차가 출발 준비를 마쳤고, 차장이 문이 닫힌다고 신호를 보낼 때도 말이지요. 이제는 때가 되었다는 걸 받아들이기란 아주 힘든 일이니까요. 또는 기차가 늦게 오는 바람에 승강장에서 너무 오랫동안 기다리다 못해 지쳐 버리기도 해요. 그럴 땐 무슨 말을 더 해야 할지 아무도 알 수 없지요. 사실 작별하며 할 말을 이미 다 해 버렸으니까요. 마지막으로, 제대로 작별 인사도 하지 못하고 훌쩍 여행을 떠나버리는 사람도 있어요. 그럴 땐 남겨진 사람이 많이 힘들어지지요.

기차가 떠나서 이제 사랑하는 사람이 없어지면, 그 이후는 어떻게 될까요?

어떤 이들은 승강장에 서서 떠나가는 기차를 오랫동안 바라봐요. 슬픈 마음으로 가득 차서 그 사람 없이 집으로 돌아가는 게 너무 힘들지요.

반면에 곧바로 일터에 돌아가거나 친구들과 약속을 잡고 평소처럼 사는 사람도 있어요. 혼자가 아닌 상태로 무언가를 한다는 건 다행스러운 일이에요. 그러다 아주 나중이 되어서야, 가끔은 문득 무척 슬프다는 걸 깨닫게 되기도 합니다.

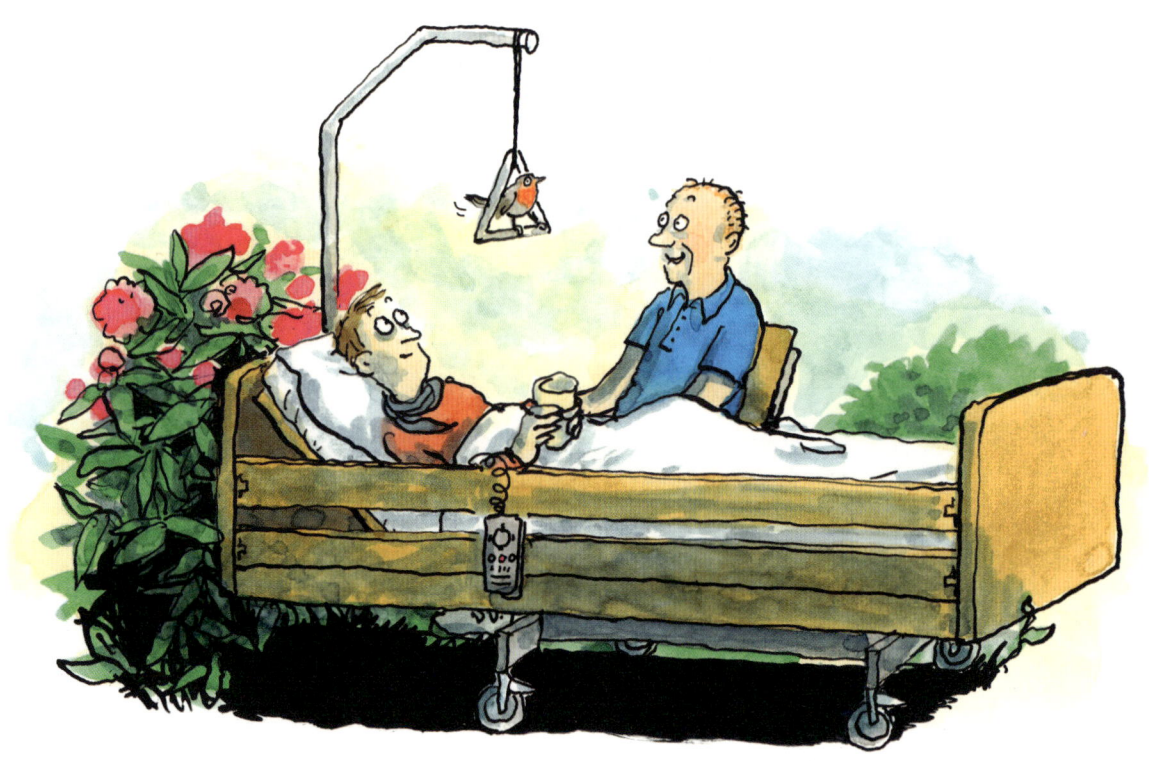

죽음에 대해 말하기: 칼 이야기

칼의 직업은 의사예요. 특히, 곧 세상을 떠날 노인이나 심하게 아픈 사람을 돌보지요. 칼은 요양원이나 호스피스 병동에 가서 사람들과 삶의 마지막에 대해 이야기를 나누곤 해요. 그곳의 환자들은 이제 자신이 나을 수 없다는 걸 알고 있어요. 하지만 칼이 환자들의 마지막 순간에 있어 주면서 최선을 다해 약물 치료를 해 주리라는 것도 알고 있지요.

칼은 '임종'이란 말 대신 '삶의 마지막 단계'라는 말을 쓰고 싶어 해요. 죽기 전의 삶은 무엇보다 중요하다고 생각하기 때문이에요.

선생님이 하는 일을 '완화 의학'이라고 하잖아요. 그게 정확히 무엇인가요?

완화 의학은 영어로 palliative medicine이라고 합니다. palliative라는 말은 Pallium이라는 라틴어 단어에서 유래했는데, 망토라는 뜻이지요. 사람의 몸을 감싸고 보호하는 옷 말입니다. 우리같이 완화 의학을 하는 의사들은 곧 세상을 떠날 이들에게 약속합니다. 우리가 옆에 있으면서 도와드리겠다고요. 심하게 아픈 사람이라고 해도, 삶의 질은 높아질 수 있거든요. 실제로 아주 다양한 방법들이 있습니다.

죽는 걸 무서워하는 사람도 있나요?

호흡 곤란이나 통증이 있을까 봐 마음 졸이는 분들이 있습니다. 그런 환자에게는 수면제를 처방해 편히 잠들 수 있게 하지요. 물론 먼저 환자와 상의를 한 다음에 처방합니다. 그래서 환자를 만나면 맨 처음 하는 일이 뭐가 무서운지 물어보는 것입니다. 안타깝게도 환자들은 이전에 의사와 제대로 이야기를 나눈 적이 없었던 경우가 많습니다. 그래서 환자에게 그냥 물어보기만 해도 무척 기뻐하는 모습을 많이 보이죠. 이야기를 나누면 실제로 무서움이 덜해집니다.

임종 전에 누군가 오기를 기다리며 죽음을 미룰 수도 있나요?

실제로 우리는 누군가 중요한 사람이 오기를 '기다리는' 환자들을 자주 봅니다. 예를 들어 한 어머니가 돌아가실 때가 다 되었는데, 멀리 사는 아들이 도착하려면 하루가 걸리는 거예요. 그러면 이 어머니는 아들이 올 때까지 어떻게든 살아 있습니다. 그리고 아들을 만나면, 갑자기 순식간에 돌아가시죠.

임종을 맞는 환자 옆에 함께 계시나요?

사람들이 세상을 떠나는 순간에 제가 옆에 있는 경우는 거의 없습니다. 그 전 단계에서 같이 있지요. 그리고 돌아가신 직후에는 사망 선고를 내리기 위해 다시 곁에 갑니다. 의사는 항상 시체 검안을 해야 하거든요.

시체 검안이란 무엇인가요?

기본적으로 사람을 위에서부터 아래로 쭉 살펴보며 다시 자세히 검사하는 겁니다. 청진기로 소리를 들어 보고, 가슴이 움직이는지 눈으로 확인하죠. 숨을 쉬면 가슴이 움직이니까요. 그런 다음 심장 소리를 들으며 맥박을 확인합니다. 작은 램프를 눈에 비추어서 동공 반응도 살피고요. 빛을 받았는데도 동공이 줄어들지 않으면 뇌에 혈액이 돌지 않는다는 신호입니다. 죽은 지 한참 된 사람이라면 소위 '확실한 사망 징후'가 있습니다. 예를 들어 시반이나 사후 경직 같은 것이지요. 이건 확실하게 죽었다는 징후입니다.

시체 검안이라는 말은 좀 낯설고 무시무시하네요.

그 말이 왜 무섭게 들리는지 가만히 따져 보면 아주 흥미롭지요. 우리가 마음을 다해 돌보던 사람이 갑자기 더 이상 존재하지 않고, 지금은 그저 '시체'라고 불리는 몸뚱이만 남은 것이니까요. 참 이상하게 들리긴 합니다. 하지만 나중에는 얼마든지 그 시신을 품에 안고 작별 인사를 할 수 있습니다. 처음에는 그 몸에 더는 생명이 남아 있지 않다는 데 충격을 받을 수는 있겠습니다만.

사람이 죽을 때 영혼이 육체에서 떠난다고 생각하시나요?
그 점에 대해서는요, 이 하늘과 땅 사이에는 우리가 알 수 없고 표현할 수도 없는 것들이 참 많다고 말씀드리겠습니다. 가끔은 육체가 죽어가면서 무언가를 놓아준다는 느낌을 받기도 합니다. 하지만 저는 그게 뭔지 설명할 수는 없고요, 굳이 알 필요도 없다고 생각하고 있습니다.

처음 시신을 보았을 때가 기억나시나요?
네, 제가 시신을 처음 본 건 아주 어릴 때였습니다. 우리 할머니가 치마를 입은 채로 거실 겸 부엌에 있던 소파 위에 누워 계셨죠. 제 기억으로는 사람이 죽은 모습을 본 게 그때가 처음이었습니다. 하지만 당시에 보기엔 할머니는 그저 주무시는 것처럼 보였어요.

죽은 사람이 부엌에 누워 있다니, 신기하네요.
예전에는 사람이 집에서 죽으면 그 자리에 며칠간 눕혀 놓았거든요.

어린아이들에게 임종과 죽음에 대해 말해 주어야 할까요?
제 생각으로는, 온갖 주제나 사물을 이야기할 때와 마찬가지로 죽음과 임종에 대해서도 말해야 합니다. 두려워할 필요 없이 다 터놓고 말하는 것이 좋지요. 아이들은 죽음이 있다는 사실을 다들 분명히 알고 있습니다. 사람이 살아 있으니 또 죽기도 한다는 게 아이들에겐 전혀 이상한 일이 아니에요. 하지만 저는 아이들과 함께하면서 죽음보다는 삶에 집중하고 싶기는 합니다. 우리에게 주어진 온 힘과 기쁨을 다해서 말이지요.

부패

모든 생명체는 언젠가는 썩게 돼요. 죽은 식물과 동물이 썩어서 분해된 다음, 결국에 흙으로 돌아가는 것은 아주 자연스러운 현상이지요. 가을이 되어 쌓인 낙엽 더미나, 숲에 널려 있는 곤충의 사체를 보면 이 점을 뚜렷하게 알 수 있어요.

사람의 시체도 마찬가지로 썩어요.

사람이 죽으면 곧바로 시체의 내부에서 서서히 변화가 일어나고, 며칠이 지나면 겉으로도 변화가 드러나지요. 몸은 그야말로 서서히 녹아내려요. 예전에는 정교한 기계처럼 돌아가던 신체 기관이 더는 작동하지 않게 되면서, 수조 개나 되는 신체의 세포가 죽어서 액체가 된답니다.

죽은 시체는 수많은 박테리아의 좋은 먹잇감이에요. 인간은 살아 있는 동안에도 박테리아를 잘 활용해서 질병을 예방하거나 소화를 촉진해요. 그런데 사람이 죽어도 이 박테리아는 죽지 않아요. 오히려 거침없이 계속 불어나면서 방해가 되는 신체의 물질을 서서히 분해하지요.

이렇게 시체가 녹으며 부패하면, 며칠 후 특이한 냄새가 나게 됩니다. 약간 달콤하게 썩은 냄새가 나지요.

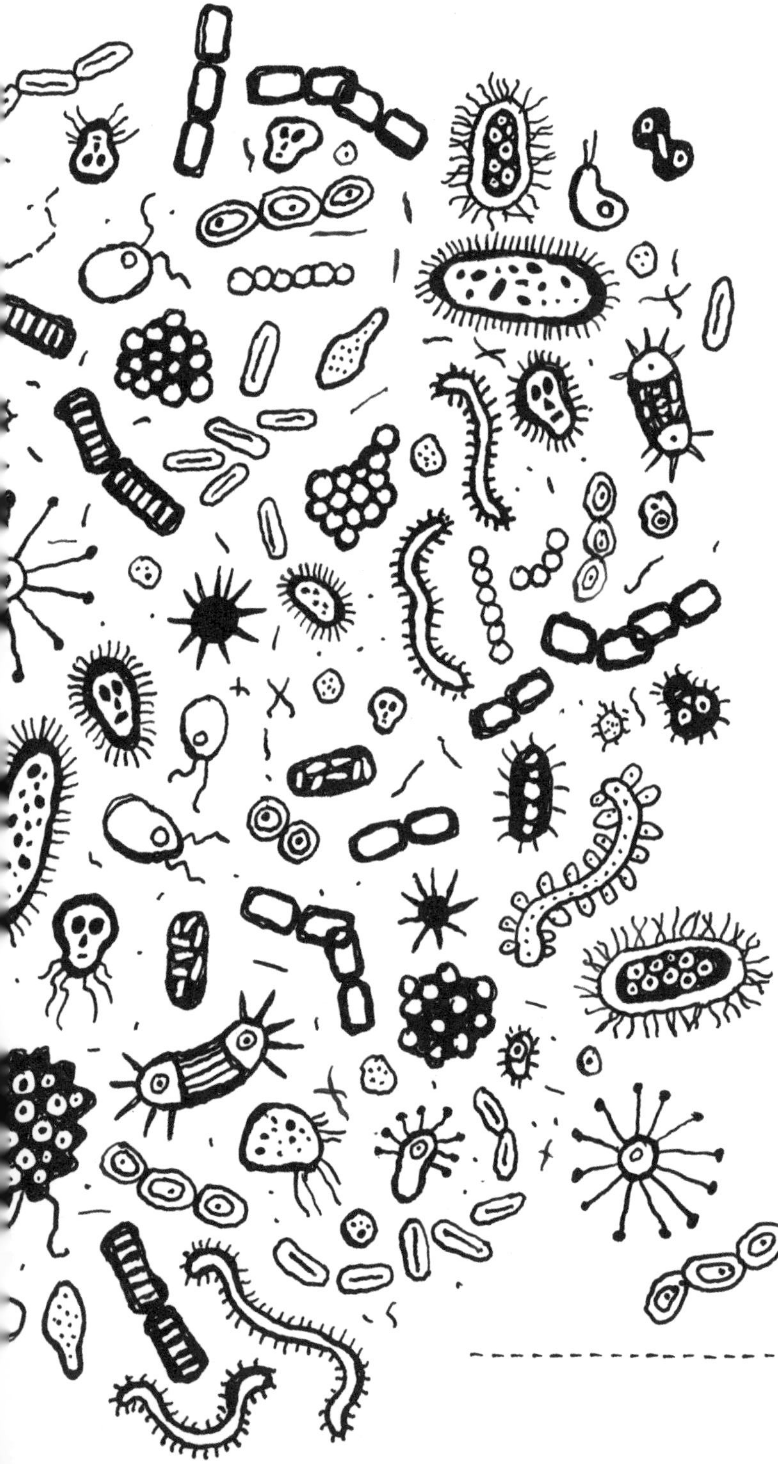

시간이 흐를수록 시체의 부패가 점점 더 심해지기 때문에, 죽은 사람은 보통 3일에서 1주일 내에 매장하거나 화장해요.

서늘한 환경에서는 시체의 부패 속도가 느려져요. 그래서 시신은 가능한 한 빨리 냉장해야 하지요. 집에 고인을 모신다면 냉동실에 넣어둔 아이스 팩으로 시신을 차갑게 유지할 수 있어요. 매장이나 화장을 할 때까지 시신을 보관하는 특수 냉동고도 있어요. 장례식장에 있기도 하고, 묘지의 영안실에 있기도 하지요. 병원에는 보통 지하층에 시신을 보관하는 냉동고가 있어요.

흥미로운 사실은 여객용 크루즈에도 죽은 사람을 보관하는 냉동고가 있다는 겁니다. 승객 중에서 혹시라도 '마지막 여행'을 떠나는 이가 있을지 모르니까요.

죽은 사람의 시체를 냉동 보관 하지 않고 오랫동안 바깥에 방치한다면-예를 들어 살인 사건이 일어났는데 발견되지 않은 경우-온갖 종류의 곤충이 시체 썩는 냄새에 이끌려 와요. 숲속의 동물 사체에 일어나는 일과 마찬가지로요. 그래서 시체를 먹는 작은 곤충들은 범죄 사건을 해결할 때 도움이 되기도 해요. 과학자들은 각각의 곤충 종류와 발달 단계를 조사해서 시신이 얼마나 오랫동안 그 자리에 있었는지, 혹시 최근에 이 자리로 옮겨진 것은 아닌지 알아내곤 하지요.

동물의 부패

숲속에서 죽은 지 한참 된 동물의 사체를 보면 아주 흥미로워요. 사체에는 금파리, 구더기, 기어다니는 딱정벌레만 우글거리는 게 아니랍니다. 말벌과 나비도 사체를 먹이로 삼거든요. 이런 곤충들은 모두 동물 사체에서 나는 썩은 냄새에 이끌려 와요. 그래서 썩어 가는 살을 먹어 치우지요.

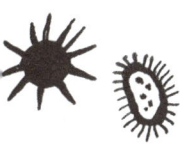     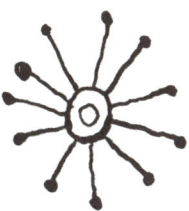

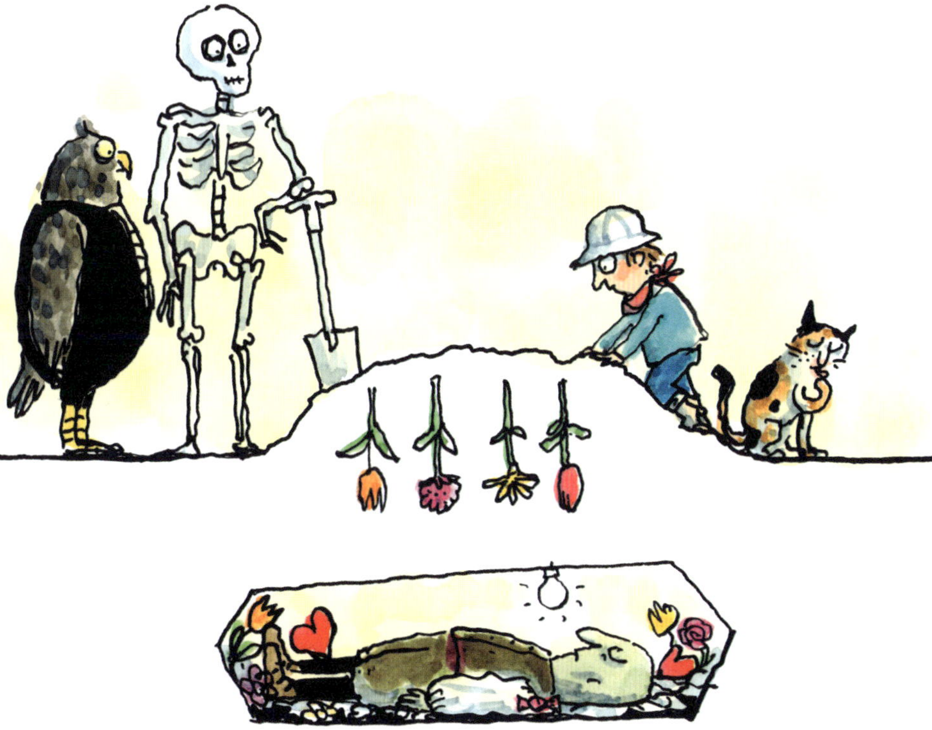

장례의 모든 것

어느 것을 고를까요

죽은 사람은 이제 더는 살아 있지 않습니다. 하지만 시신은 남아 있지요. 유족들은 이제 이 시신을 어떻게 할지 결정해야 합니다. 중요한 결정일수록 빨리 내려야 하죠.
화장할까? 아니면 매장할까?
즉, 시신을 화장한 다음 유골함에 넣을 것인지, 아니면 시신을 관에 넣어서 땅에 묻을 것인지 등을 정해야 합니다.

요즘은 많은 사람이 유골함을 선호합니다. 그럴 만한 이유가 있어요. 일단 비용이 적게 들고, 남은 사람들이 유골함을 놓아둘 장소나 간직할 방법이 다양하기 때문이에요. 최근에는 생전에 이미 시신을 어떻게 할지 생각해 두는 경우가 늘어나고 있지요.

유골함보다는 예쁜 관에 들어가는 게 훨씬 편하다고!

혼자 어둡고 추운 땅에 누워 있으면 진짜 오싹오싹할 것 같아! 난 그냥 빨리 화장하는 게 좋아.

매장을 선택할래요. 살면서 한 번쯤은 해골이 되어 보고 싶거든요!

화장은 어쩐지 무서워. 관에 들어가면 조용하고 평화롭겠지.

화장장에서

화장장은 시신을 화장하는 곳이에요. 이곳에는 대형 소각로는 물론이고, 고인이 있는 관을 보관하는 방과 고인에게 마지막 작별 인사를 건네는 방 등의 여러 공간이 있어요. 물론 사무실도 있고요. 모든 걸 꼼꼼하게 기록해야 하니까요. 고인의 이름이 무엇인지, 언제 무슨 일로 사망했는지, 화장장에 언제 왔는지, 어느 때 얼마나 높은 온도로 화장했는지, 유골이 담긴 함을 몇 시에 뚜껑을 닫고 봉인했는지 다 기록하지요.

화장장 입구는 영구차가 들어와야 해서 아주 널찍해요. 관에 담겨 도착한 고인은 다른 관들이 놓여 있는 대기실로 옮겨지지요. 그리고 마지막으로 의사의 확인을 거쳐요. 서류에 쓰여 있는 대로 그곳에 온 모든 사람이 정말로 죽었는지 다시 한번 확인하는 것이지요. 이때가 혹시 고인이 살해당하진 않았는지를 밝혀낼

수 있는 마지막 기회이기도 해요. 일단 화장된 시신은 더는 증거가 될 수 없으니까요.

시신은 이곳에서 '대기'하며 화장 순서를 기다려요.

대기실은 서늘하고 특이한 단내가 나요. 어떤 관에는 노란색 종이가 붙어 있는데, 그건 때가 되면 유족들에게 전화하라고 직원들에게 알리는 메모예요. 그러면 화장되는 동안 유족들은 고인을 생각할 수 있으니까요. 종종 유족들은 화장하는 자리에 함께 있고 싶어 하기도 해요.

소각로가 있는 장소에서는 관과 시신을 태우는 1000도 이상의 뜨거운 열기가 느껴져요. 그리고 많이 시끄럽지요. 대형 기계 여러 대가 한꺼번에 작동하고 있거든요.

준비가 다 되면 뜨거운 소각로의 자동문이 열리면서 관이 안으로 들어가요. 문이 다시 닫히기도 전에 불길이 위로 타오르는 게 보이지요.

소각 과정에서 나오는 유독한 기체는 여과 과정을 거친 다음 굴뚝을 통해 공기 중으로 내보내요. 그렇게 한 시간이 채 지나기도 전에 잿더미만 남게 된답니다.

소각로는 아주 넓어서, 유해를 상자에 담으려면 사다리를 타고 아래로 내려가야 해요. 소각로 안에는 작은 **뼛조각**과 함께 아주 고운 회색 재가 남아 있지요.

고인이 무릎에 인공 관절을 이식했거나 뼈에 나사를 박았다면, 유해에서 금속 부품이 나오기도 해요. 그런 금속들은 분류대로 넘어가서 강력 자석으로 골라낸 다음 특수한 분류함에 넣어요. 그리고 남은 유골은 모두 기계에 넣고 모래알 크기의 조각으로 빻아요. 이 과정을 다 거치면 성인의 시신은 밥그릇에 담길 정도의 크기로 줄어들어요. 보통 부드러운 천이나 작은 용기에 담아, 유골함에 넣습니다.

다시 올라가 보면 이미 다음 차례를 기다리는 고인이 관에서 대기하고 있지요.

묘지에서

유골함에 들어가든, 관에 안치되든 사람들의 마지막 종착지는 보통 묘지입니다.

요즘은 유골함을 모시는 봉안당과 매장을 하는 묘역이 함께 있는 경우가 많고, 이런 곳을 보통 '추모 공원'이나 '공원묘지'라고 부릅니다. 말 그대로 공원처럼 꾸며져 있어 조용하고 평화로운 분위기를 자아내지요. 물을 뿜는 작은 분수나 화려한 예술 작품, 탁 트인 공터가 조성되어 있기도 해요. 그래서 고요한 분위기 속에서 고인을 추억할 수 있지요. 살아 있는 유족들에게는 슬퍼하면서 생각에 잠길 수 있는 장소가 필요하거든요. 또 한 가지 좋은 점은 유족들이 일부러 무덤을 관리하러 올 필요가 없다는 거예요. 공원묘지 관리인이 공간의 유지 관리를 맡아 주니까요. 우리는 고인이 그리울 때 만나러 가기만 하면 된답니다.

무덤을 한 번 만들면 대개 30년 정도 유지돼요. 일반적으로 시신이 땅속에서 부패하는 시간이 그 정도 걸리거든요. 이 기간이 지나면 한 번 더 연장하거나, 아니면 그 자리에 새로운 시신이 묻힐 수도 있어요. 유골함을 보관하는 기간도 15년에서 30년 정도입니다. 마찬가지로 기간은 연장할 수 있어요.

무덤을 만들려면 땅을 꽤 깊게 파야 합니다. 관을 하나 묻으려면 굴착기로 약 2미터 깊이의 구덩이를 파야 하지요. 어른이 들어가서 서도 밖에서 거의 보이지 않을 정도예요. 유골함을 묻는 봉안묘의 경우에는 관보다 크기가 작기 때문에 자리를 많이 차지하지 않아요. 그래서 구멍도 1미터 정도 파지요. 물론 땅에 묻지 않고 봉안당에 모신다면 구멍을 팔 필요도 없습니다.

시신이 안치된 관을 묻는 토양은 제각기 다른 경우가 많아요. 만약 토양에 모래가 많다면, 시신이 분해되는 데 시간이 오래 걸리지 않아요. 2년 안에 뼈만 남게 되지요. 그리고 뼈와 치아도 서서히 분해되어서 20년이 지나면 더 이상 남아 있지 않습니다. 하지만 산소가 거의 들어가지 못하는 점토질의 토양에서는 분해하는 데 훨씬 오랜 시간이 걸려요. 아주 드문 경우이긴 하지만, 그런 토양에 묻는 시신은 분해되지 않을 수도 있습니다.

다양한 무덤

무덤에도 여러 종류가 있어요. 단장묘는 한 사람을 위한 무덤이에요. 무덤 하나에 한 사람을 묻는 일반적인 방식이지요. 그에 비해 합장묘는 두 사람 이상을 한 무덤에 묻는 거예요. 부부나 가족의 경우가 많은데, 먼저 돌아가신 분을 무덤에 묻은 뒤, 나중에 다른 가족을 같은 무덤에 나란히 모시는 방식이에요.

요즘은 환경 보호와 공간 부족 등을 이유로 자연장을 선택하는 사람이 늘고 있어요. 자연장은 유골을 자연환경에 되돌려 보내는 친환경적인 장례 방식을 뜻해요.

수목장은 가장 대표적인 자연장으로 유골을 나무 아래나 주변에 묻거나 뿌리는 거예요. 한 사람을 특정 나무 아래 안치하는 개별 수목장이 있고, 여러 사람을 함께 안치하는 공동 수목장도 있어요. 공원묘지 내에 수목장 구역이 있는 곳도 있고, 별도로 수목장림이 조성되어 있는 곳도 있습니다.

비슷한 종류로 잔디밭에 유골을 안치하는 잔디장이나 꽃이나 관목과 함께하는 화초장도 있어요. 지저귀는 새 소리와 곤충 소리가 들려오는 평화로운 자연에서 마지막으로 잠드는 걸 아름답다고 생각하는 사람들이 많아지고 있습니다.

좋은 소식

묘지에 묻히면 구더기와 벌레가 시신을 먹는다고 생각하는 사람이 많아요. 하지만 안심하세요! 관이 묻혀 있는 땅속 깊은 곳까지 가서 시신을 파먹는 벌레는 한 마리도 없어요. 벌레들은 토양의 윗부분에만 살기 때문에 관까지 내려가지 않아요. 게다가 지렁이는 고기나 뼈를 좋아하지 않는답니다. 채소나 흙만 먹는 동물이에요.

선산

옛날에는 가족과 친척들이 한동네에 모여 사는 경우가 많았어요. 그래서 죽고 나서도 같은 장소에 묻히곤 했지요. 이렇게 한 가문의 조상들의 묘가 모여 있는 곳을 선산이라고 불렀어요. 선산을 선택할 때는 풍수지리를 중요하게 여겼어요. 명당을 찾아서 조상을 모시면 후손들에게 좋은 영향을 준다고 믿었지요.

봉안당

유골함을 모셔 둔 곳을 봉안당이라고 해요. 건물 안에 공간이 마련되어 있어 날씨의 영향을 적게 받고, 방문과 관리도 편리하지요. 문을 여닫을 수 있게 된 곳도 있어서, 사진이나 편지 같은 물건을 넣어 둘 수도 있습니다.

묘비

보통 묘지에는 비석이나 이름표가 함께 있어요. 고인의 이름, 생몰년도 같은 내용이 써 있지요. 고인이 남긴 짧은 글귀나 추모 문구가 있기도 해요. 아름다운 장식이 가득한 예술적인 묘비나 커다란 기둥, 천사상 등을 보면 마지막 안식처인 무덤을 중요하게 여긴 사람이 많다는 걸 짐작할 수 있어요.

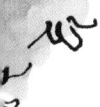

전쟁 묘지

전쟁이 나면 정말 많은 사람이 죽어요. 그래서 전 세계 곳곳에는 군인과 난민, 전쟁 포로, 여성과 어린이까지 전쟁으로 죽은 사람들이 묻혀 있는 묘지가 있어요. 이런 전쟁 묘지는 넓은 들판에 수백 개에서 수천 개의 똑같은 십자가나 표지가 세워져 있는 모습일 때가 많아요. 전쟁에서 죽은 사람을 기리는 것은 물론이고 전쟁이 얼마나 참혹한 것인지를 알게 해 주지요.

디지털 묘지

온라인의 묘지는 실제 묘지와 똑같이 생겼어요. 비석과 꽃, 이름이 있으면 누구나 가상 현실에서 무덤을 하나 만들 수 있지요. 인터넷 접속이 가능하다면, 이 세상 어디에 있든 언제나 사랑하는 사람을 방문할 수도 있고, 묘지에서 다른 사람들과 만날 수도 있어요.

너희의 지금 모습이 예전 우리의 모습이었노라
우리의 지금 모습이 앞으로 너희의 모습이리라

죽음에 대해 말하기: 유리 이야기

유리의 직업은 묘지 정원사예요. 묘지의 길과 부지를 가꾸고 돌보는 일을 하지요. 유리는 잔디를 깎고, 나무와 수풀을 다듬고, 정기적으로 수많은 묘지에 꽃을 심어요. 그리고 직원들과 함께 매장용 구덩이도 파지요. 유리의 아내는 묘지 입구에서 꽃집을 하고 있어요. 그곳에서 장례식에 쓰는 화환과 꽃 장식을 만든답니다.

어떤 일을 하는지 설명해 주시겠어요?
저는 묘지 정원사입니다. 우리 할아버지와 아버지도 묘지 정원사였고, 이제는 저도 이 일을 하고 있지요. 저는 야외 활동을 좋아해서, 이 일을 하면 항상 바깥에서 삽질을 하고 무덤을 팔 거라고 생각했는데요. 요즘은 밖에 그렇게 많이 나가지 않습니다. 컴퓨터 앞에 앉아서 하는 일이 많아졌어요.

왜요?
예전에는 이런 식으로 전화가 왔어요. "있죠, 밀러 씨가 돌아가셨는데, 그분 알아요?" 그러면 "아, 네. 알죠. 그럼 내일모레 장례를 준비할게요."라고 대답한 다음 곧바로 일을 시작하면 됐죠. 그런데 이제 그냥 '밀러 씨'라고만 말하면 알아듣는 사람이 누가 있겠습니까? 요즘에는 화장 번호 78516B번 차례라고 알려 줘야 하죠. 언제까지 하겠다는 마감일이 있고요. 묘지에 장례 일정도 등록해야 합니다. 올 때 사망 진단서만 갖고 온다고 되는 것도 아니고요. 서류를 전부 작성한 다음에야 일을 시작할 수 있어요.

장례를 치를 무덤은 어떻게 파시나요?
굴착기로 팝니다. 저희 할아버지와 아버지 때만 해도 직접 삽으로 팠고요. 물론 저도 가끔은 삽으로 파기도 합니다.

직접 삽으로 무덤을 파면 몇 시간이나 걸리나요?
세 시간이요.

땅을 파다가 뼈를 발견하면 어떻게 하시나요?
그런 경우도 있습니다. 그럴 때면 구덩이를 더 깊이 판 다음에, 찾아낸 뼈를 묻고 나서 흙을 좀 덮은 다음 그 위에 장례를 치르지요.

뼈 말고 다른 게 나온 적도 있나요? 예를 들면 치아라든가?
그런 것도 나오죠. 땅을 파면 온갖 물건이 다 나옵니다. 전쟁 때 썼던 폭탄이나 무기, 철제 헬멧 같은 것도 죄다 나오죠.

이 묘지는 사실 커다란 정원처럼 보여요.
맞습니다. 어떻게 보면 저는 일을 하면서 여가를 즐기는 거나 마찬가지예요. 저랑 직원들은 모두 이곳에서 즐겁게 지내고 있습니다. 그리고 묘지를 최대한 좋은 상태로 관리한다는 목표를 갖고 있고요. 이 묘지가 100년 후에도 그대로 있게 하자는 마음입니다. 그래서 장기적으로 묘지를 깔끔하게 보존하는 동시에, 공원 같은 곳으로 만들고 싶기도 하지요. 저는 아침에 출근하면서 가끔 벤치에 앉아서 쉬기도 하거든요. 이 묘지에는 만남의 장소도 있습니다. 일종의 온실인데요. 난방도 되고 안에 음료 자판기와 작은 탁자도 놓아두었죠. 날씨가 좋을 때면 언제나 문을 열어 둡니다. 그러면 사람들이 거기서 만나 수다도 떨고 그러죠. 전 그게 참 좋습니다.

그래서 이곳이 실제로 활기찬 거군요.
그렇죠. 얼마 전에는 어떤 분이 저한테 손짓을 하시더니, 남편이 살아 있었다면 오늘이 아흔 번째 생일이라고 하시더라고요. 그러더니 컵을 두 개 꺼내셨어요. 우리는 같이 남편분을 위해 건배를 했지요. 그리고 20분 정도 이야기하며 함께 시간을 보냈고요. 그 뒤에 그분이 편안한 마음으로 집에 가시는 모습을 보았습니다. 저는 그런 분들을 위해 여기에 있는 거죠.

어린이도 묘지에 들어올 수 있나요?
엄밀히 말해서 14세 미만의 어린이는 혼자서 오면 안 됩니다만, 저는 그렇게 엄격하게 굴지는 않습니다. 예의를 지킨다면 쫓아내지 않아요. 물론 여기 와서 밤을 주워도 되고요. 보호자가 옆에 있고, 저도 기분이 내킬 때면 손수레를 태워 주기도 합니다. 하지만 아이들이 무덤 위를 마구 뛰어다닌다? 그러면 당연히 막지요.

그러면 여기서 아이들이 킥보드 같은 걸 타도 되나요?
네. 자전거도 타도 돼요. 다른 사람을 치지만 않는다면요!

고인이 평화를 누린다는 말이 있잖아요. 그건 무슨 의미일까요?
음, 제가 아는 한에서만 말씀드릴 수 있겠네요. 제 생각에는요, 무덤에 안장되신 분은 방해받지 않고 편히 쉬셔야 한다고 봅니다. 예를 들자면, 저는 일단 한번 매장되었으면 다시 파내서 다른 곳으로 재매장하지 말아야 한다고 생각합니다. 예전에 여기 묻힌 분이 있었는데, 아내가 멀리 이사를 가면서 남편의 유해도 함께 가져가길 바라셨어요. 그런 경우 평화를 누리기가 힘들 수도 있지 않을까요?

변화하는 장례

50년에서 100년 전만 해도, 사람들은 태어난 곳에서 계속 살다가 그곳에서 죽어 묻히는 일이 자연스러웠어요. 한 가문의 사람들이 여러 세대에 걸쳐 같은 묘지에 묻히는 일이 대부분이었지요. 일가친척들은 그들의 무덤에 꽃을 심고 무덤을 관리하며 명절이면 성묘를 하러 가곤 했어요.

하지만 지금은 달라졌어요. 요즘은 친척들이 거의 다른 지역에 따로 사는 경우가 많아요. 심지어 같은 나라에 있지 않거나 온 세상에 흩어져 살기도 하죠. 친척보다 친구를 더 가족처럼 여기는 사람도 많아졌고요. 장례식을 치를 때 무엇이 중요한지에 대한 생각도 다들 달라요.
그래도 죽은 사람은 반드시 장례를 치러야 한다는 사실만은 변하지 않았습니다. 죽은 사람을 그냥 집 뒷마당에 묻어서는 안 된답니다.

나라마다, 또 지역마다 장례 방법은 다양해요. 그리고 해도 되는 것과 안 되는 것도 다 다르지요. 지금은 안 되지만, 앞으로는 가능해질 것도 있을 거예요. 그리고 언제나 새로운 방법이 생겨나고 있지요.
여기서는 그중 몇 가지를 알아볼게요.

- **퇴비장:** 시신을 특수 용기에 담아 70일 동안 그대로 두면 흙으로 변해요. 그 흙을 땅에 묻는 것이지요. 그렇지만 흙이 되었다고 바로 화단에 뿌리면 안 됩니다.

- **해양장(바다장):** 유골함을 배에 싣고 바다로 나가서 빠뜨리는 거예요. 유골함은 바닷물에 녹아 없어지지요.

- **하늘장:** 비행기나 헬리콥터, 열기구를 타고 하늘에 올라가 재를 날리는 방식이에요.

- **산골장:** 시신의 재를 산이나 초원에 뿌리거나 묻는 장례법이에요. 허가된 특정 지역에서만 가능한 경우가 많아요.

- 유골함을 집에 가져가서 보관할 수도 있어요. 문화나 종교에 따라 집에 작은 제단 같은 걸 만들어 두는 경우가 있어요.

- **시신 녹이기(가수 분해):** 시신을 화학 물질 속에 넣으면 몇 시간 안으로 다 녹아요. 몇 조각의 뼈와 액체만 남지요.

- **바위에 넣기:** 유골을 자연에 있는 바위 아래 묻거나 그 사이에 놓아두는 장례법이에요.

- **우주장:** 유골의 일부를 로켓에 실어 지구 궤도로 쏘아 올리는 장례법이에요. 그런데 주의할 점이 있어요. 로켓을 우주로 쏘는 일은 자주 일어나지 않기 때문에, 대기 시간이 무척 길어요. 적절한 시기에 맞춰 자리를 얻는 게 중요하지요. 물론 비용도 아주 비싸답니다.

- **보석장:** 유골의 일부를 압착해 다이아몬드로 만드는 방법이에요. 그걸 이용해 반지나 목걸이를 만들 수 있지요. 머리카락으로도 다이아몬드를 만들 수 있다고 해요.

진구 삼촌

동물이 죽으면

반려동물은 대부분 사람만큼 오래 살지는 못해요. 동물에 따라 사는 기간은 다르지만 보통 나이가 들면 여러 해에 걸쳐 몸이 약해지다가 결국 죽게 되지요. 평균 수명을 다 채우기 전에 심한 병에 걸리거나 차에 치여 죽을 때도 있고요. 때때로 심하게 다치거나 병이 나을 가망이 없다고 생각될 경우, 동물이 더 이상 고통을 느끼지 않도록 안락사를 시키기도 해요. 그러면 주사를 맞고 평화롭게 세상을 떠나게 되지요. 반려동물이 죽으면 함께 살던 사람은 아주 깊은 슬픔에 빠지게 됩니다. 사랑하는 동물이 갑자기 사라져 버렸으니까요. 매일 곁에 함께 있으면서 쓰다듬고 말을 걸었던 가족을 잃은 것이에요.

요즘은 동물도 전용 장례식장에서 장례를 치르는 경우가 많습니다. 보통은 죽은 동물을 화장한 다음 역시 전용 봉안당에 안치해요. 아니면 유골함을 집에 가져갈 수도 있어요. 반려동물의 유골을 집으로 가져왔다가, 나중에 사람의 장례를 치를 때 같이 무덤에 넣기도 합니다.

대부분의 장례 절차에 관은 거의 필수적입니다. 어떤 지역에서는 '관 사용 의무'를 두기까지 해요. 죽은 사람은 꼭 관에 담아 매장하거나 화장해야 한다는 내용이지요. 이런 규정이 있는 이유는 사람이 죽어서도 존엄을 지킬 수 있어야 하고 존중받아야 한다고 생각하기 때문이에요.

물론 문화나 종교에 따라 관을 사용하지 않는 경우도 있어요. 예를 들어 이슬람교나 유대교의 전통에서는 죽은 사람을 관에 안치하지 않아요. 대신 리넨 천으로 싸서 매장하지요.

그렇더라도 죽은 이를 존엄하게 대해야 한다는 생각만큼은 언제 어디서나 동일하게 갖고 있어요.

★ 관 안을 볼까요 ★

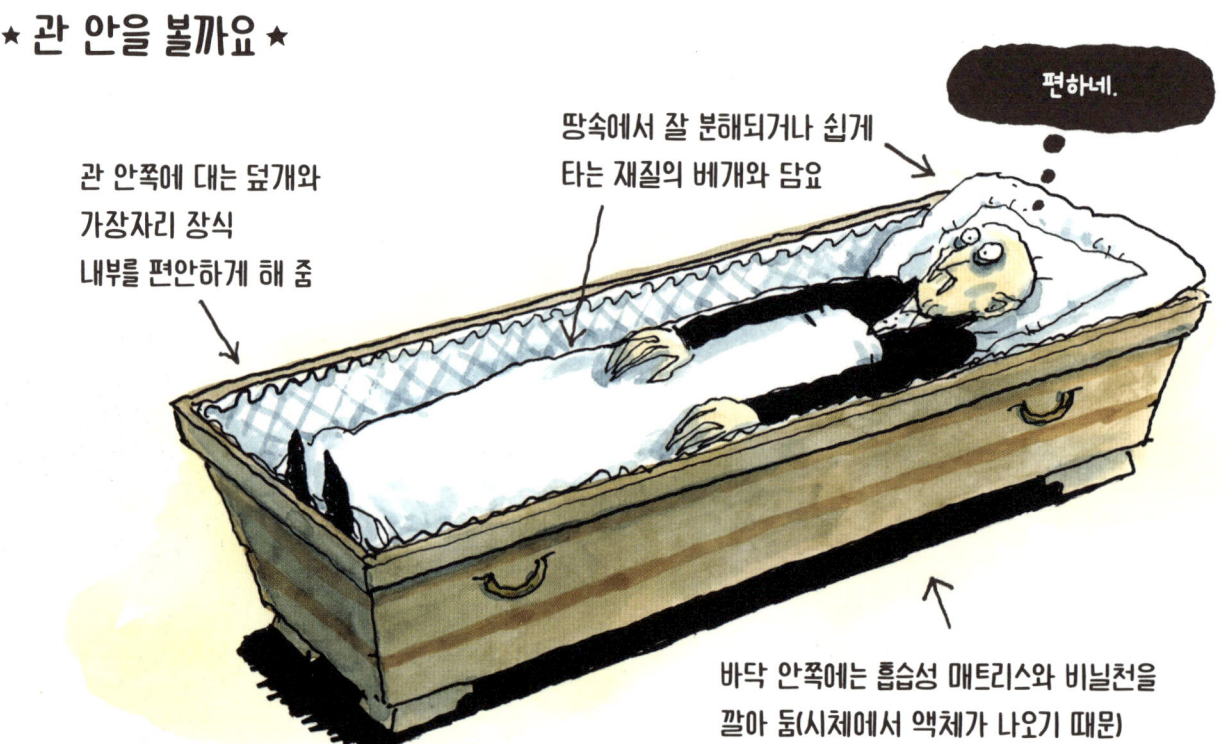

관 안쪽에 대는 덮개와 가장자리 장식
내부를 편안하게 해 줌

땅속에서 잘 분해되거나 쉽게 타는 재질의 베개와 담요

편하네.

바닥 안쪽에는 흡습성 매트리스와 비닐천을 깔아 둠(시체에서 액체가 나오기 때문)

시신은 영구차에 실어 운구해요. 영구차는 검고 커다랗고 네모난 차일 때가 많은데, 창문을 검게 선팅하고 커튼을 쳐서 밖에서는 안을 볼 수 없게 되어 있어요.

물론 하얗거나 화려한 색의 영구차도 있긴 해요. 그러면 언뜻 봤을 때는 그 안에 무엇을 싣고 가는지 모를 수도 있지요. 요즘은 그냥 평범한 차를 영구차로 쓰는 장례식장도 점점 늘어나고 있어요.

영구차에서 가장 중요한 점은 관을 하나 이상 넣을 수 있을 만큼 커야 한다는 점이에요. 바닥에는 레일이 깔려 있어서, 관을 손쉽게 차에 밀어 넣을 수 있습니다.

유골함과 화환, 여러 가지 장식과 양초 등 장례에 필요한 물품도 영구차에 같이 싣고 가요. 울퉁불퉁한 도로에서 물건이 떨어지는 일이 없도록 출발하기 전에 모든 걸 단단히 고정해 두지요.

시신을 담은 관을 자전거로 안전하게 운반하는 것도 가능해요. 아직은 드문 방법이지만 친환경적이지요.

죽음에 대해 말하기: 바바라와 율리아 이야기

바바라와 율리아는 모녀 사이고, 둘 다 장례 지도사라는 직업을 갖고 있어요. 세상을 떠난 사람이 있는 친구나 친지들은 이들에게 연락을 하지요. 바바라와 율리아는 사람이 죽었을 때 어떻게 해야 하고 무엇을 정리해야 하는지 잘 알아요. 장례 지도사는 장례를 치를 때까지 고인을 돌보며 장례식을 준비하지요. 무엇보다 이들은 유족과 대화를 하는 게 얼마나 중요한지 잘 알고 있습니다.

사람들이 여러분을 보러 올 때 무서워하지는 않나요?

율리아: 실제로 장례 지도사와 대화하는 게 처음인 분들이 많아요. 그런데 막상 오면 장례식장이 아주 환하고, 벽에 꽃 그림도 걸려 있어서 깜짝 놀라시죠. 게다가 제가 평상복 차림의 젊은 사람인 걸 보고도 놀라시고요. 장례 지도사란 말을 들으면 몸에 안 맞는 양복을 입은 안색이 창백한 노인을 떠올리는 분들이 많으니까요. 거기다 장례식장은 구석구석 거미줄이 쳐져 있을 거라는 생각도 하고요.

장례 지도사라는 직업의 좋은 점은 무엇인가요?

율리아: 저희는 사람을 돕는 일을 하죠. 그게 저에겐 아주 큰 동기 부여가 돼요. 예전 직장에서는 사무실 책상에만 앉아서 일했는데, 그땐 제가 참 쓸모없다는 기분이 들었거든요. 여기서는 언제나 새로운 분들을 만나요. 사실 이 일은 사망하신 분과는 그다지 상관 없을 때가 많아요. 오히려 돌아가신 분의 주변 사람들이 더 중요하죠. 장례 지도사는 항상 그분들과 좋은 관계를 맺어야 해요. 그리고 우리와 함께 일하는 분들, 이를테면 묘지 정원사와 장례 관련 절차 서류를 담당하는 직원, 화장장 직원들과도 잘 지내야 하지요.

장례식에선 검은 옷을 입어야 하나요?

바바라: 예전에는 전부 흰색을 입었던 것처럼, 요즘은 대부분 검은 옷을 입어요. 하지만 검은 옷을 안 입는 사람도 많아지는 추세예요. 뭐,

옷장에 검은색 옷이 없어서 그럴 수도 있죠.

율리아: 그런 변화는 좋다고 생각해요. 그래도 되지요. 어쨌든 인생은 계속되잖아요. 그리고 검은색 옷을 입는 것만이 슬픈 마음을 표현하는 방법은 아니거든요. 분홍색 옷을 입어도 슬플 수 있다고 봐요. 하지만 요즘에도 장례식이 끝나고 한 달 넘게 검은색 옷만 입는 할머니들이 있긴 하더라고요.

시신이 옷을 안 입고 묻힐 수도 있나요?
바바라: 원하신다면 그래도 됩니다. 하지만 그건 좀 품위가 없다고 생각해요. 저는 개인적으로 누가 돌아가시든 깔끔하게 단장하면 좋겠다는 마음이에요. 하지만 원한다면야 옷을 안 입고 매장될 수도 있어요.

율리아: 전 절대로 그렇게는 못 해요! 고인에게 옷을 입히고 아름답게 관에 안치하는 것은 인간의 존엄성 문제라고요.

관을 덮기 전에 일가친척과 친구들이 고인에게 마지막 인사를 하잖아요? 가끔 관에 기념물을 넣기도 하고요.
바바라: 사람들이 관에 넣는 것들은 대부분 사진이나 직접 쓴 편지, 그림 등이에요.

율리아: 최근에 어떤 분이 관에 도넛을 넣더라고요. 그런 경우는 처음이었어요. 돌아가신 분이 도넛을 무척 좋아하셨대요. 그래서 시신을 덮은 이불 위에 도넛을 올렸죠.

작별 인사를 하기 위해 시신을 꼭 다시 한번 봐야 할까요?
바바라: 가족 중에서도 이별을 맞이하는 방식은 천차만별이에요. 어떤 분은 "당연히 마지막 작별 인사를 해야죠! 내 가족이, 내 친구가 죽었다는 걸 직접 보고 느끼고 싶어요."라고 말하는 반면, 무슨 일이 있어도 죽은 사람을 보고 싶지는 않다는 분도 있어요. 그런 분들은 묘지에 와서 생각이 바뀌기도 해요. 장례식이 치러지기 전에 먼저 시신을 보러 갔던 사람들이 "나쁘지 않아, 평화롭고 괜찮아 보였어."라고 말해 주면, 용기를 내서 인사하러 가곤 하죠. 저는 이게 좋은 것이고, 저건 나쁜 것이라고 잘라 말하고 싶지 않아요. 그건 개인에 따라 달라질 수 있는 결정이니까요.

그럼 여러분도 고인에게 작별 인사를 하시나요?
바바라: 우리는 이 지역 분들을 많이 알고 있어요. 관을 닫을 때면 종종 "아, 이분은 내가 생전에 봤던 모습 그대로구나. 전혀 변한 게 없으시네. 이제 내가 편히 주무시게 해 드려야겠다."라고 생각할 때가 있어요. 그런 다음 의식적으로 마지막 작별 인사를 하는 편입니다.

장례식에서 벌어진 특이한 일을 보신 적이 있나요?

바바라: 특이한 일이 일어나는 경우는 별로 없어요. 애도하러 모인 이들은 저마다의 방식으로 작별 인사를 합니다. 한번은 장례식 때 무덤 앞에 있던 어떤 여성분이 배낭에서 독한 술 한 병과 잔을 몇 개 꺼내더라고요. 거기 있던 분들이 모두 한 잔씩 들고 고인을 위해 건배를 했죠. 또 한번은 어떤 남자분이 친구의 무덤에 카드를 한 벌 던졌어요. 두 분이 항상 카드놀이를 함께했다고 하더라고요. 종종 사람들은 무덤 위로 비눗방울을 불거나 풍선을 하늘로 날리기도 하지요.

유가족의 특별한 요구 같은 게 있기도 하나요?

가끔 고인의 유골이 담긴 유골함을 집으로 가져가고 싶어 하는 사람들이 있습니다. 영화에서 흔히 나오니까 괜찮을 거라고 생각하는 거죠. 하지만 간단한 일은 아닙니다. 법으로 금지하지는 않지만, 아파트나 빌라 같은 공동 주택에서는 관리 규약에 따라 제한하는 곳도 있어요. 그리고 사실 대부분의 사람은 정작 본인이 죽게 되면 그 유골함이 어떻게 될지 깊이 생각하지 않아요.

장례식에서 아이들은 무엇을 하나요?

바바라: 아이들은 보통 맨 앞줄에 있어요. 그리고 관이 구덩이 아래로 내려갈 때 가장 흥미를 보이곤 하죠. 갑자기 어디선가 "와! 진짜 깊다!"라는 아이 목소리가 들리거든요. 그런 다음 아이들도 직접 삽을 들어 흙을 푸거나 꽃을 들고서 무덤에 던지죠. 그러고 나서 대부분 '나도 무언가 했어. 나도 도움이 됐어.'라는 표정으로 자랑스럽게 무덤가에서 나옵니다.

아이들이 죽었을 경우는 어떻게 되나요?

바바라: 다섯 살짜리 아이의 장례식이 기억나네요. 그 아이에게는 아무도 몰랐던 심장병이 있었어요. 모두에게 정말 힘든 경험이었지요. 저는 그때 '세상에 어쩜 이런 일이!'라고 생각했어요. 너무 힘들고 슬펐답니다. 그 애는 잠옷 차림으로 소방차 무늬가 있는 이불을 덮고 있었어요. 그걸 보니 마음이 참 안 좋더라고요. 장례식에 온 사람들이 모두 울었고, 저희도 울었죠. 아이의 아버지는 아들 사진으로 슬라이드 쇼를 만들었고요. 아이의 유치원 친구들이 모두 그 자리에 왔죠. 지금 생각하니 또 눈물이 나네요.

아가, 할아버지를 집에 가져갈 수는 없어.

장례 지도사니까 묘지에 자주 가시잖아요. 그럼 거기에 시신이 있다는 생각이 드시나요?

바바라: 아뇨. 안 들어요. 예를 들어 부모님의 묘에 간다고 생각해 보세요. 그때 우리는 2미터 아래에 뼈와 해골이 있다고 생각하지는 않잖아요. 그저 부모님의 모습이 떠오를 뿐이죠.

묘지에서 아이들이 해도 되는 행동과 하지 말아야 할 행동은 뭔가요?

율리아: 가끔 묘지에서 술래잡기하는 아이들이 있어요. 옆 구르기를 하는 아이도 있고요. 보호자는 그 옆 벤치에 앉아서 보고 계시죠. 길에서만 한다면 아무 문제가 없어요. 아이들이 웃으며 놀면 활기차고 좋잖아요. 하지만 묘지는 평온하게 쉬는 곳이기도 하죠. "산 자를 섬기고 죽은 자를 기린다."라는 말처럼요. 그러니 묘지에서는 고인이 편히 계시도록 해드리는 게 먼저입니다.

바바라: 오히려 짜증스러운 행동을 하는 건 어른들일 때가 많아요. 예를 들어 장례식 중인데 옆에서 묘를 돌본답시고 물을 마구 뿌려 대는 사람이 있거든요. 그러면 고인에게 마지막 작별 인사를 하는 이들에게 방해가 되죠. 아주 실례되는 일이라고요. 옛날에는 장례 행렬이 지나갈 때마다 사람들이 가던 길을 멈추고 고개를 숙이는 게 당연한 일이었어요. 하지만 요즘은 그런 일이 잘 없지요. 제가 보기엔 그게 사람을 존중하는 아름다운 방법인데 말이죠.

죽은 사람을 처음으로 본 게 언제였나요?

율리아: 제가 여덟 살 때였어요. 엄마가 영안실에 저를 데리고 갔었죠. 엄마의 직장이 거기였으니까요. 엄마는 관 뚜껑을 닫아야 하니 저한테 입구에 서 있으라고 말씀하셨지만, 저는 호기심이 생겨서 그냥 같이 갔어요. 관 안에는 할머니가 한 분 누워 계셨고요. 전 그 장면이 멋있다고 생각하진 않았고, 큰 인상을 받지도 않았어요. 그분은 제 할머니랑 비슷하게 아주 평범해 보였지요.

장례식에는 수많은 결정이 따른다

장례식은 저마다 다른 형태와 내용으로 구성돼요. 사람마다 독특한 삶을 살았던 것과 마찬가지죠.
죽기 전에 미리 본인의 장례식을 생각해 두는 사람이 있기도 해요. 가장 중요한 요구 사항을 적어 두거나, 믿을 수 있는 사람과 상의를 마치기도 하지요.
하지만 대부분은 유족들이 장례식을 고민하게 돼요. 유족들은 생전에 고인이 원하는 장례식은 무엇이었을지, 또 자신들이 원하는 장례식은 무엇인지 생각해요.
작별 인사는 어쨌든 세상에 남은 사람들의 마음에 들어야 하고, 그들이 옳다고 느끼는 방식이어야 해요. 그래서 결국 장례식을 치를 때 고인의 요구 사항은 그리 중요하지 않게 여겨질 가능성이 높지요.

게다가 장례식에는 돈이 많이 들어요. 어떤 이들은 살면서 장례치를 돈을 미리 준비해 놓아요. 하지만 어떤 이들은 가능한 한 저렴하고 간소한 장례식을 원하기도 합니다.

> 할아버지, 제가 할아버지 장례식을 어떻게 할지 생각을 좀 해 봤는데요…….

어떻게 하시겠어요?

- 관에 넣어 매장할까요? 아니면 화장해서 유골함에 안치할까요?
- 어떤 관을 쓸까요? 어떤 유골함을 쓸까요?
- 관에 넣을 때는 어떤 옷을 입힐까요? 좋아하는 옷? 수의? 운동복? 아니면 드레스나 정장?
- 고인에게 화장이나 미용을 할까요? 특별한 액세서리로 꾸밀까요?
- 일가친척과 친구에게 마지막으로 시신을 보여 주며 작별 인사를 하게 할 건가요? 그럼 시신을 눕혀 놓을까요?
- 누구에게 부고를 알릴까요? 언제 알릴까요? 신문에 부고 기사를 싣거나 인터넷에 올려야 할까요?
- 장례식을 치러야 할까요? 그렇다면 언제? 묘지에서 치를까요? 아니면 집에서? 장례식장에서 손님을 받을 건가요? 아니면 공원에서 소풍하듯 모일까요? 그렇다면 그건 또 언제?
- 장례식에는 누구를 초대할까요? 친한 친구와 일가친척만 모일까요? 아니면 이웃과 옛 친구들에게도 다 연락할까요?
- 초대장을 만들어야 할까요? 장례식 초대장에는 뭐라고 쓸까요? 사진이나 직접 그린 그림을 넣을까요? 아니면 기념할 만한 무언가를 넣는 건 어떤가요?
- 장례식 참석자의 옷차림을 맞출까요? 검은색 옷? 아니면 화려한 옷? 축제 복장? 아니면 평상복? 오토바이용 슈트?
- 장례식장은 어떻게 꾸밀까요? 화환이 있어야 할까요? 무슨 꽃을 쓸까요? 초도 필요할까요? 사진은? 풍선은? 리본과 스카프도 있어야 할까요? 어떤 색을 쓸까요?
- 장례식 참석자들은 고인을 추억할 만한 물건을 가져와야 할까요?
- 고인의 사진을 넣는다면 어떤 사진을 보여 줄까요?
- 고인의 생전 사진들도 전시할까요?
- 어떤 음악을 틀어야 할까요? 고인이 좋아하는 노래가 있나요? 혹시 연주를 할 사람이 있을까요? 다 같이 노래를 불러야 할까요?
- 장례식에서 추도사를 해야 할까요? 친구가? 아니면 친척이? 성직자를 따로 부를까요? 아니면 고인이 좋아하는 시나 이야기를 낭독할까요?
- 장례식 후에는 어디서 모이나요? 집에서 볼까요? 아니면 카페에서? 아니면 음식점에서? 공원에서 만날까요? 아니면 따로 만나지 말까요?
- 간식과 음료를 준비해야 할까요? 커피는 어떤가요? 고기나 국수 같은 걸 준비할까요? 콜라와 과자로 할까요?

이런 것들을 모두 결정하려면 머리가 어질어질하지요. 그래서 장례 지도사가 고인과 어울리는 작별을 하는 걸 함께 도와준답니다. 그러니 고인이 원했던 장례식이 있다면 장례 지도사에게 미리 분명하게 알려 주는 것이 좋아요.

장례식 참석하기

장례식은 나라마다, 시기마다 조금씩 모습이 달라요. 하지만 세상을 떠난 사람에게 작별 인사를 한다는 점은 언제, 어디서나 같습니다.

장례식에는 가족과 친구, 지인들이 한자리에 모이게 됩니다. 그중에는 오랜만에 만난 사람들이 많고, 어떤 사람들은 처음 인사를 나누기도 해요. 하지만 모두 지금이 특별한 순간이라는 걸 알고 있어요. 조용히 서로를 안아 주며 울기도 하고, 때로는 겉으로 슬픔을 드러내지 않기도 하지요.

보통 빈소는 장례식장 안에 있는 작은 방에 차립니다. 대체로 고인의 사진을 맨 앞에 두고, 주위에는 꽃과 초로 장식을 합니다. 향도 피워 놓고요.

종교에 따라 성직자가 기도를 하거나, 고인의 인생을 설교하듯 이야기해 주기도 해요. 고인이 무엇을 중요하게 생각했는지, 어떤 좋은 경험을 했는지, 또 무엇을 힘들어했는지 이야기하는 거예요. 음악을 틀기도 합니다. 그래서 모두가 한때 이 세상에 함께 살았던 특별한 사람으로 고인을 기억하게 돼요.

장례식에서 사람들이 중요하게 생각하는 절차는 조문객에게 접대하는 식사입니다. 많은 나라에서 조문객에게 음식을 대접하는 걸 중요하게 생각해요. 조문객들은 같이 먹고 마시면서 고인과의 추억을 나누고 가져온 사진을 보지요. 그 시간이 고인을 추모하고 남아 있는 사람에게 위로를 나누는 자리가 된답니다. 그래서 처음에는 조용한 분위기라도, 점차 활기차지곤 하지요.

우리나라는 보통 삼일장을 치르기 때문에, 3일째 되는 날 가족들과 함께 묘지로 갑니다. 매장을 한다면 구덩이를 파고 관이나 유골함을 천천히 내리지요. 이때 마지막으로 조용히 무덤에 가서 직접 작별 인사를 할 기회가 있어요. 원한다면 흙이나 꽃을 구덩이에 던질 수도 있지요. 화장을 한다면 유골함을 봉안당에 안치하고, 마지막 인사를 합니다. 이때 편지나 기념품을 곁에 놓아두기도 해요.

장례식은 일가친척과 친한 친구들에게 힘겨웠던 시간이 끝나는 순간이에요. 부고를 들은 후로 정리하고 결정해야 할 일이 많았으니까요. 그래서 모든 절차가 끝나면, 이제는 자신의 생각과 감정을 혼자 짊어지고 가야 하지요. 보통 그런 순간이 되어서야 자신의 삶에서 고인이 떠나가서 얼마나 그리운지 깨닫게 돼요. 그럴 때는 친구가 곁에 있어 주며 가끔 같이 식사를 하고 시간을 함께 보내는 게 좋답니다.

죽음에 대해 말하기: 세실 이야기

세실의 직업은 목사입니다. 주로 자신이 사는 동네에서 열리는 장례식을 맡아 주관해요. 세상을 떠난 후에 하늘나라에 가기를 바라는 사람들의 마음을 돌보지요. 고인의 가족과 친구들과 이야기를 나누기도 하고요. 어떤 음악을 틀지, 어떤 말로 위로할 수 있을지 고민하며 함께 작별을 준비하는 데 마음을 씁니다.

장례식은 어떻게 준비하세요?

저는 보통 고인에게 작별을 고하는 짧은 예배를 드립니다. 공동묘지에는 작은 교회가 있는데요. 주로 그곳에서 고인을 기리지요. 고인에 대한 설교를 하고, 찬송을 같이 부르고, 기도도 합니다. 가끔 사람들은 고인이 아름다운 인생을 오래 살아서 '감사'하다고 말하기도 해요. 하지만 갑작스럽게 세상을 떠난 사람의 경우는 다들 혼란스러워하면서 질문을 많이 하는 편이지요.

설교는 어떤 내용인가요?

고인의 전형적인 모습을 자세히 들려드리려고 해요. 세상을 떠나신 분들은 대개 슬픈 분이 아니라, 우리와 비슷하고 재미있는 점도 많았던 분이거든요. 최고의 장례식이란 사람들이 웃을 수 있는 장례식이에요. 그래서 그 자리에 모인 조문객들이 "그래, 그분 그랬었지!" 하고 생각하게 만드는 거죠. 그리고 마지막에는 항상 미래를 이야기하는 편입니다. 이제는 어떻게 될까? 물론 우리는 어떻게 될지 모릅니다. 하지만 기독교인들은 고인이 하늘나라에서 신과 함께 잘 지내고 있다고 믿으니까요.

유골함으로 치르는 장례식이 많나요, 아니면 관으로 치르는 장례식이 많나요?

제가 주관했던 장례식은 대부분 유골함인 경우가 많았습니다. 그래서 장례식장 예배당에 가면 거의 매번 유골함 옆에 사진을 두지요. 저한테는 유골함으로 치르는지, 아니면 관으로 치르는지에 따라 조금 차이가 있습니다. 관은 정말 크거든요. 무덤 아래로 관을 내리고 삽질을 하는 것도 무척 힘들고요. 하지만 유골함은 그렇지 않죠. 일단 크기가 부담스럽지 않고요. "저건 한스 씨가 아니야. 그분의 재일 뿐이야."라고 생각할 수 있죠. 물론 유골함을 보며 사람들이 슬퍼하고 작별 인사를 합니다만, 그래도 마음이 좀 덜 힘든 편이에요.

예전의 장례식과 현재의 장례식은 무엇이 다른가요?

예전에는 장례식에서 사람들이 노래를 불렀습니다. 하지만 이제는 사람들이 가사를 거의 모르기 때문에 더는 노래를 부르지 않아요. 너무 슬프기 때문에 노래를 부를 수 없을까 봐 무서워하는 걸지도 모르고요.

저는 음악을 트는 편을 선호합니다. 고인이 좋아했던 노래가 나오면 고인에 대해 뭔가 말할 수 없는 마음이 느껴지곤 합니다. 예전에 그분을 알지 못했어도 말이죠.

아이들도 장례식에 참석해야 할까요?
장례식에 아이들을 절대로 데려가지 않는 어른들이 많지요. 아이들에게 안 좋다고 생각해서요. 어쩌면 아이들이 장례식에 방해될까 봐 걱정해서일 수도 있고요. 하지만 저는 아이들이 장례식에 함께 참석하는 게 중요하다고 봐요. 그 역시 삶의 일부이고, 이제 고인이 죽었다는 걸 이해해야 하기 때문입니다. 또 장례식에서 아이들을 보면 삶이 계속된다는 걸 알 수 있기 때문에 좋다고도 생각합니다.
지난번에 어떤 할머니의 장례를 주관한 적이 있었는데요, 그 할머니는 손주들에게 파란색과 흰색 줄무늬 셔츠를 선물로 주셨더라고요. 그런데 이미 어른이 된 손주들이 각자의 자녀들에게 할머니가 주신 줄무늬 셔츠를 입혀서 데려왔어요. 그 모습을 보고 이 할머니는 손주들의 마음속에 좀 더 오래 살아 계실 거라는 걸 알 수 있었죠. 할머니는 소중한 것을 손주들에게 물려주었고, 손주들은 그걸 다시 자녀들에게 물려준 겁니다.

장례식에 오고 싶어 하지 않는 아이도 있나요?
아이들은 억지로 장례식에 오게 하면 안 됩니다. 하지만 제가 보기엔 솔직히 아이들이야말로 장례식에 관심이 많더라고요. 누가 죽었다는 걸 지켜보는 건 흥미진진한 일이잖습니까. 아이들은 호기심이 많지요. 예를 들어 죽은 사람이 정말로 차가운지 알고 싶어 하는 식으로요.

장례식에서 큰 소리로 우는 사람을 보신 적이 있나요?

저는 가끔 조부모님의 묘에서 우는 아이들을 봅니다. 몸을 부들부들 떨기도 하고, 커다랗게 흐느끼기도 하지요. 그걸 보면 저도 참 마음이 아픕니다. 그럴 때 아이들을 곁에서 안아 주고 위로해 줄 친지가 있다면 참 좋지요. 하지만 우는 건 어른들도 마찬가지입니다. 저는 울고 싶을 땐 마음껏 우는 게 좋다고 봐요. 이럴 때가 아니면 또 언제 웁니까? 하지만 심하게 슬퍼하지 않는 사람도 있습니다. 혹은 "이만하면 오래오래 행복하게 사셨던 거야. 이제껏 아프셨으니 돌아가신 게 오히려 다행이라고 생각하실 거야."라고 말하는 사람도 있죠. 저는 그것도 괜찮다고 봅니다.

장례식장에서 목사님이 우실 때도 있나요?

작별 인사를 하는 사람들을 보면 저도 슬퍼서 눈물이 날 때가 있습니다. 그러면 잠시 나무나 다른 곳을 바라보는 게 도움이 돼요. 아니면 아예 다른 생각을 합니다. 노래 가사 같은 걸 떠올리는 거죠. 그러면 더는 눈물이 나지 않습니다.

홀로 장례식을 치른 적이 있나요?

도시에서는 언제나 홀로 죽는 사람이 나옵니다. 노숙자처럼 친지를 찾을 수 없는 경우도 있고요. 그럴 때도 장례식을 합니다. 다만 예배를 드리고 설교를 하는 대신, 묘에 가서 간단하게 치르는 형태로 준비하지요. 그럴 때면 지역 사회에 연락해서 함께 장례식에 참석할 사람을 모아요. 장례식에 참석한 사람들은 왜 아무도 오지 않는지 궁금해들 하시는데, 그것도 참 슬픈 일이죠. 비록 아무도 오지는 못했지만, 어딘가에서는 고인을 그리워하는 사람이 있기를 전 바라고 있습니다.

목사님이 시신을 처음 본 건 언제였나요?

할머니가 돌아가셨을 때였어요. 전 그때 열 살이었어요. 할머니는 누워 계셨는데, 할머니 손이 노란 데다 침대보가 마치 웨딩드레스처럼 보여서 우습다고 생각했어요. 할머니는 절대 그런 옷을 입지 않으셨거든요. 게다가 할머니가 누워 계신 관도 정말 웃겼고요.

인터뷰에 응해 주셔서 고맙습니다!

잠깐만요, 재미있었던 장례식 이야기가 하나 더 떠올랐어요. 장례 예배에 조문객으로 참석한 적이 있었는데요. 설교 도중에 갑자기 사람을 죽일 듯한 커다란 소리가 들려오지 뭡니까! 그 자리에 있던 사람들 모두가 놀라서 움찔하는 게 느껴졌어요. 마치 누군가가 관 안쪽을 치는 소리 같았거든요. 그런데 목사님은 아랑곳하지 않고 그냥 계속 설교를 하시더라고요. 그리고 설교가 끝난 후에 말씀하시길, 가끔 나무가 뒤틀리면서 저절로 그런 소리가 난다고 하셨죠. 정말 놀랐어요!

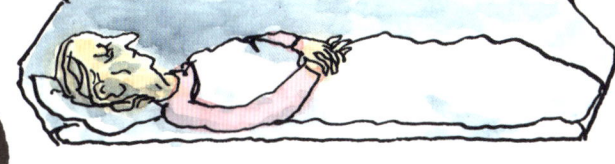

죽음에 대한 재밌는 이야기
(주의! 재미없을 수도 있음)

어떤 남자가 죽어 가고 있었어요.
침대 옆에는 그의 아들이 서 있었지요.
그런데 부엌에서 맛있는 케이크 냄새가 풍겨 왔어요.
아버지가 아들에게 말했어요.
"아들아, 죽기 전에 케이크 한 조각 먹고 싶구나.
좀 가져다주겠니?"
아들은 부엌으로 갔다가 곧바로 돌아와서 말했어요.
"엄마가 아직 케이크 먹으면 안 된대요.
아버지 장례식 때 쓸 거라서요!"

고대 예언가 노스트라다무스의 묘비명

> 후세 사람들이여,
> 나의 휴식을 방해하지 말지어다.

영국의 극작가 윌리엄 셰익스피어의 묘비명

> 벗이여, 원하건대
> 여기 묻힌 먼지를 파헤치지 마라.
> 이 돌을 그대로 두는 자는 복을 받고
> 내 뼈를 옮기는 자는 저주를 받을지어다.

고려의 충신 정몽주의 묘비명

> 고려수문하시중정몽주지묘

고려의 벼슬을 쓰고 조선의 시호를 쓰지 않음은 두 왕조를 섬기지 않겠다는 뜻을 분명히 하기 위함이다.

한국의 시인 천상병의 묘비명

> 나 하늘로 돌아가리라.
> 아름다운 이 세상 소풍 끝나는 날
> 가서, 아름다웠더라고 말하리라.

프랑스 소설가 스탕달의 묘비명

> 살았다. 썼다. 사랑했다.

미국 시인 에밀리 디킨슨의 묘비명

> 돌아오라는 부름을 받았다.

네덜란드 수학자 뤼돌프 판 쾰런의 묘비명

> 3.14159265358979323846264338
> 327950288

↑
원주율(소수점 이하 35자리까지)

러시아 음악가 알프레트 시닛케의 묘비명

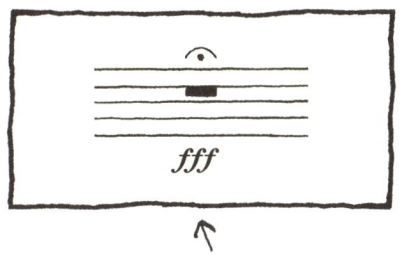

↑
오래, 그리고 특히 아주 세게 쉰다.

애도하는 마음

갑자기 달라진 일상

가까운 사람이 세상을 떠났다는 소식을 들으면 익숙했던 일상이 흐트러지게 돼요. 어른들은 장 보러 가는 걸 잊어버리거나, 밤에 제대로 쉬지 못해 낮에 소파에서 잠들기도 하지요. 그러다가 별안간 이 모든 일이 정말로 일어났다는 사실을 믿을 수 없는 순간이 닥쳐요.

이 새로운 상황은 마치 보이지 않는 배낭과 같아서, 우리는 그걸 어디든 항상 지고 다니게 되지요. 그러면서 놀라기도 해요. 왜 다른 사람들은 이 배낭을 알아채거나 보지 못하지? 나만 빼고 모두 평소처럼 잘 살아가는 것 같지요.

가까운 이나 사랑하는 반려동물의 죽음을 경험한 사람이라면, 시간을 되돌리고 싶다는 생각이 종종 들어요. 모든 게 예전과 변함없이 그대로라면 얼마나 좋을까!

하지만 현실은 그렇지 않아요. 슬퍼하는 사람은 물론이고 주변의 친구들에게도 이건 참 어려운 상황이랍니다.

그렇다면 무엇이 최선일까요? 안타깝게도 그걸 정확히 아는 사람은 없어요. 그저 스스로 알아 가야 하지요.

슬픔이라는 감정

슬픔이란 그저 슬프기만 한 것이 아니랍니다. 그것은 사랑처럼 말로 표현하기 힘든 아주 큰 감정이거든요. 사실 슬픔은 갑자기 왔다가 사라지는 온갖 감정들로 이루어져 있어요. 슬픔의 크기 역시 때에 따라 다 다르고, 또 사람마다 다르게 나타나지요.

슬픔에는 눈물과 울부짖음, 흐느낌이 함께해요. 때로는 너무나 절망적이라 삶이 다시 좋아질 거라는 생각이 전혀 들지 않아요. 주변의 모든 사람이 절망했기 때문에 다 같이 울어야 할 때도 있고요. 눈물은 쉽게 전염되거든요. 그런데 이렇게 울면 아주 좋은 효과가 나요. 그러니 마음껏 울도록 하세요.

슬픔에 겨우면 사람은 감각이 없어지고 말을 잃기도 해요. 아무와도 말하고 싶지 않고, 지금의 기분이 어떤지 표현할 말을 찾을 수도 없지요.

갑자기 자신이 하찮게 버려졌다는 비참한 기분이 들 때도 있어요. 뜬금없이 불쑥 화가 치솟거나 기분이 언짢아지기도 하고요.

두려움 역시 슬픔의 일종이에요. 갑자기 가족이나 친한 친구가 죽을지도 모른다는 걱정을 하는 사람이 많아요.

슬픔에 빠지면 실제로 몸이 아프기도 해요. 복통을 비롯한 온갖 통증이 일어나지요.

슬픔에 빠진 사람은 제정신이 아닌 상태로 이상한 농담을 할 때가 있어요. 그리고 사실은 슬퍼해야 하는데 오히려 우스운 감정이 들기도 하죠.

슬퍼하면서 안도감이 들 수도 있어요. 생전의 고인을 걱정하며 불안해했던 시간이 무척 힘들었을 테니까요. 결국 고인이 세상을 떠나면서 모든 게 해결된 느낌이 들지요.
만약 고인이 나쁜 사람이었다면, 그가 죽었기 때문에 마침내 자유를 느낄 수도 있어요.

슬픔은 사람을 지치게 해요. 슬픔에 빠진 사람은 약하고 피곤해지지요. 하지만 어떤 사람들은 이런 슬픔의 감정을 전혀 느끼지 못해요. 내심 사실은 더 많은 감정을 느껴야 하는 게 아닐까, 걱정하기도 하지요. 하지만 그래도 그들 역시 슬퍼하고 있기는 마찬가지랍니다.

이런 감정들은 내가 아끼고 특별하게 생각했던 사람이 이제 세상에 없기 때문에 생기는 거예요. 이 감정들은 다 나타나는 게 맞아요. 비록 때로는 견디기 힘들고 어려워도요.

슬플 때는 이렇게 해 보세요

- 유품을 간직하세요: 고인의 체취가 밴 옷, 항상 팔에 차고 다니던 시계, 책상 위에 걸어 둔 사진 등 여러 가지가 있겠지요.
- 슬퍼하며 있을 만한 장소를 찾아봐요: 공원의 벤치, 놀이터, 무덤, 지하의 작업실, 강가의 앉을 자리 등등이 있지요.
- 음악을 들어 보세요: 좋아하는 노래나 마음을 위로해 주는 가사가 담긴 노래, 고인과 함께 춤추던 음악 등 찾아보면 많아요.
- 사진을 인화해서 걸어 놓아요: 휴가를 가거나 마지막으로 모였던 멋진 시간 등 함께했던 경험을 추억할 만한 사진을 보면 좋아요.
- 작은 탁자나 창턱에 유품을 놓고 조명을 켜 장식해 봐요.
- 다른 사람들과 함께 모여 고인의 생전 사진을 보거나 음성이 든 영상을 다시 봐요.
- 고인이 가장 좋아했던 음식을 요리해요.
- 보물 상자를 만들어 유품을 모아요.
- 친구나 가족과 함께 추도식을 열어요.
- 나만의 시간을 가져 봐요.
- 고인의 생일에 케이크를 가져다 놓고 건배해요.
- 그림을 그려요.
- 슬플 때 바로 친구들에게 마음을 털어놓아요.
- 무덤에 꽃을 놓아둬요. 아니면 어딘가에 몰래 꽃씨를 뿌리거나 들꽃을 조금 꺾어 봐요.
- 함께했던 경험이나 모험에 대해 예쁜 노트에다 글을 쓴 다음 "덕분에 제가 알게 됐어요."라고 적어 봐요.
- 비눗방울을 불거나 폭죽을 터뜨리면서 아주 잠깐 고인을 생각해요.
- 고인의 머리카락을 간직하세요.
- 병에 편지를 써서 마개로 봉한 다음 바다에 던져요.
- 성당에 가서 초를 켜요. 인터넷에서도 가상으로 할 수 있어요.
- SNS에 나의 슬픈 마음을 써서 친구들과 공유해요.
- 오래된 문자 메시지로 책을 만들어요.
- 자조 모임에 참석해요. 자조 모임이란 비슷한 문제를 가진 사람들이 모여 자신의 이야기를 하고 해결 방법을 찾아가는 모임이에요. 모인 사람들은 모두 사랑하는 사람의 죽음을 겪은 적이 있어요.
- 선행을 해요.
- 고인에게 편지를 써요.
- 오래된 물건을 새 물건으로 바꿔 봐요. 예를 들어 고인에게 물려받은 블라우스나 셔츠로 쿠션이나 인형을 만들어 보세요. 그 물건에 사랑하는 사람의 향기가 여전히 남아 있을 테니까요.
- 가장 중요한 것이 있어요. 바로 친구와 잘 지내는 거예요. 슬픔에 빠진 나를 혼자 두지 않고, 일이 없어도 나를 찾아와 안부를 묻고, 음식을 해 주고 영화를 같이 보는 친구도 좋고, 재미있는 이야기를 해 주는 친구나 조용히 옆에 있어 주는 친구, 나를 데리러 오고 또 데려다주는 친구들이 우리에겐 필요하답니다.

남은 것은 무엇일까요

고인이 떠난 세상에 남아 살아가는 사람들이 종종 걱정하는 게 있어요. 이러다 사랑하는 사람을 잊어버릴지도 모른다는 것이지요. 어느 순간부터 고인의 목소리나 세세한 몸짓들, 이목구비나 웃음소리를 더는 떠올릴 수 없을 때가 와요. 기억은 점차 희미해지니까요. 그렇다고 완전히 없어지는 것은 아니랍니다. 그들은 언제나 사람들 삶의 한 부분을 차지하고 있거든요.

할머니나 할아버지가 돌아가셨더라도, 여러분이 그분들의 손주라는 사실은 변하지 않아요. 마찬가지로 언젠가 내 친구나 형제자매가 죽는다 해도, 여러분은 그들의 영원한 친구 또는 가족일 거예요. 죽은 사람도 살아 있는 사람과 다름없이 가족이자 친구로 남아 있지요.

동물의 슬픔

인간은 동물이 죽음을 어떻게 경험하는지 그저 추측만 할 수 있어요. 동물은 과연 다른 동물이나 인간이 죽으면 슬퍼할까요? 한 번 죽은 생명체는 다시 살 수 없다는 걸 알고 있을까요? 분명 동물은 그들이 보는 세상을 아주 다른 방식으로 경험하겠지요. 그건 인간이 상상할 수 있는 수준이 아닐 거예요. 하지만 과학자들은 동물의 죽음에서 특정 행동 방식이 반복되는 현상을 관찰했어요. 특히, 동료들과 무리 지어 사는 동물에게 죽음은 분명히 의미가 있어 보여요.

새끼가 죽은 어미 고릴라는 죽은 새끼를 그저 눕혀 두지 않아요. 며칠, 몇 주, 때로는 심지어 사체가 썩을 때까지 데리고 다니며 곁에 두지요.

코끼리는 같은 무리의 동료가 죽으면 곁에 오래 머물면서 몸통으로 시신을 문지르고 기다란 코로 계속 집요하게 살펴봐요. 때로는 장례식을 치르듯 사체 위에 나뭇가지들을 덮어 놓아 포식자에게서 보호하지요. 그리고 오래전에 죽은 동료 무리의 뼈가 있는 곳을 가끔 가족들과 함께 방문하기도 한답니다.

까맣고 하얀 몸통을 가진 범고래도 새끼가 죽으면 어미가 그냥 두지 않아요. 어미는 죽은 새끼를 주둥이로 조심스럽게 밀어 수백 킬로미터가 넘는 거리를 운반하지요.

침팬지 무리에서 동료가 죽었을 때 다른 침팬지들은 평소보다 조용하고 차분해져요. 보통은 다들 며칠 동안 음식도 먹지 않지요. 죽은 동료의 사체를 계속 살펴보고 건드려 봐요.

개코원숭이는 가족이 죽으면 서로 가까이 모여 털을 평소보다 더욱 열심히 손질해 줘요.

새들 역시 죽은 동료를 두고 슬퍼해요. 까마귀들은 죽은 동족을 발견하면 서로에게 소리쳐 알려 주지요. 그러면 다들 먹이 사냥을 멈추고 사체 주위로 모여들어요. 조류 중에는 평생 한 쌍의 부부로 살아가는 새들이 많아요. 그래서 배우자가 죽으면 남은 새는 더는 먹지도 않고 울지도 않으며 활동을 전보다 덜 하는 모습을 종종 볼 수 있지요. 그런 새들은 얼마 지나지 않아 세상을 떠나기도 해요.

반려동물은 반려인과 아주 친하고 애틋한 관계지요. 그래서 반려인이 죽으면 깊이 슬퍼하는 행동을 보여요. 소극적으로 변하면서 거의 먹지도 않고, 항상 죽은 반려인이 앉던 소파로 다가가 낑낑대며 킁킁 냄새를 맡지요.

스코틀랜드에는 바비라는 개 이야기가 널리 알려져 있어요. 바비는 주인이 세상을 떠난 후 14년이 넘도록 매일 묘지에 가서 무덤을 성실하게 지켰어요. 점심 먹을 때만 잠시 자리를 비울 뿐이었지요. 그러다 바비가 죽었을 때, 근처 지역 주민들은 바비를 묘지에 몰래 묻어 주었답니다.(그때는 동물을 묘지에 묻는 것이 금지되어 있었거든요)

112

죽은 다음에는
어떻게 될까요

죽은 다음에 어떻게 되는지는 아무도 모릅니다. 마치 세상에 태어나기 전에 우리가 어디서 어떻게 있었는지, 혹시 다른 존재는 아니었을지 알 수 없는 것과 마찬가지죠. 아마도 태어나기 전과 죽은 다음은 깊고 편안하게 잠든 상태일 수도 있어요. 그리고 그 사이에 생생하게 깨어서 다채로운 삶을 살아가는 것일지도 모르죠.

죽은 다음에도 이 세상에서 살았을 때보다 더 오래도록 시간이 이어지기를 바라는 사람이 많아요. 예를 들면 죽은 사람이 영혼으로 계속 존재하거나 다른 몸으로 환생할 거라고 상상하지요. 신이 언젠가 자신을 부활시켜 줄 거라고 믿는 사람도 있고요. 모든 게 다 좋은 하늘나라가 존재한다고 생각하는 사람이 있고, 죽은 다음에는 아무것도 없다고 믿는 사람도 있어요.

사랑하는 이가 세상을 떠난 뒤 일상생활에서 신호를 보내는 걸 봤다고 생각하는 사람도 많아요. 예를 들어 작은 새가 뜬금없이 나에게 다가왔다든가, 갑자기 바람이 휙 불었다든가, 먹구름 사이로 한 줄기 햇살이 비쳐 들었다는 걸 신호로 여기지요. 죽은 사람이 여전히 곁에 있는 것처럼 여기는 사람도 많아요. 이러한 상상은 우리가 죽음과 더불어 살아가는 데 도움이 되지요. 그러니 나쁜 건 아닐지도 모릅니다.

죽었다 살아난 경험을 한 사람들도 있어요. 예를 들어 목숨이 위험했던 상황에서 구조되어 살아난 사람 중에는 그 극적인 순간 동안 상상을 뛰어넘는 아름다움을 느끼고 보았다고 증언하는 사람들이 많아요. 자신의 몸에서 벗어나 위에서 내려다보는 경험을 했다는 사람도 있어요. 갑자기 고통이 싹 사라지면서 몸이 가벼워지고, 둥실 뜨는 느낌이 들고, 놀라운 소리를 듣거나 오래전 세상을 떠난 사랑하는 사람을 만나거나, 어두운 터널 끝에서 따스하고 밝은 빛을 보았다고 하는 사람도 있어요.

이런 상태에서는 모든 게 그저 좋고 평화로워 보인다고 해요. 그래서 다시 살아나고 싶은 마음이 전혀 없었다고 말하는 사람도 있지요.

학자들의 설명에 따르면, 신체가 매우 위급한 상황에 놓이는 과정에서 뇌에서 기적을 체험했다는 인상을 만들어 낸다고 해요. 어떤 사람들은 이런 임사 체험, 즉 죽음에 가까워진 상태를 느끼는 경험이 존재한다는 사실을 기반으로 영원히 살 수 있는 가능성이 있다고 여기기도 합니다.

죽음의 신비란 풀 수 없는 까다로운 퍼즐 같아요. 사람들은 인류가 존재한 순간부터 지금껏 아주 오랫동안 죽음을 생각해 왔어요. 그래서 죽음이란 수수께끼는 삶의 일부가 되었지요.
하지만 죽음 후에 대해 의견이 너무 분분하면 사람들은 혼란스러워집니다. 특히 어린이들은 죽은 후에 어떻게 될지 계속 생각하게 되기도 해요. 심하게 무서워하는 어린이도 있을 수 있지요. 그럴 때는 어른들의 도움이 필요해요. 꼭 안아 주고, 두려움에 대해 이야기하게 이끌어 주는 거예요. 같이 이런 책을 읽는 것도 도움이 된답니다.

사람은 평생 살아가는 동안 죽음에 대한 생각이 여러 차례 달라지기도 해요. 누구와 이야기했는지, 또 어떤 경험을 했는지에 따라 달라지지요.
대체로 나이가 들어 가면서 사람들은 죽음에 대해 호의적으로 생각하게 돼요. 오래 살다 보면 살짝 피곤해지기도 하거든요. 이제 남은 시간이 얼마 없고, 언젠가는 영원한 평화를 찾을 수 있다는 걸 제대로 느끼게 되지요.
어쩌면 노인들에게 죽음이란 온종일 수없이 멋진 경험을 실컷 한 다음 마침내 잠드는 행복과도 같을지 몰라요. 그다음에 무슨 꿈을 꾸게 될지는 아무도 모르지요.

> 난 절대로 죽고 싶지 않아 그리고 내가 사랑하는 사람들도 하나도 안 죽었으면 좋겠어 나는 죽을 때 반드시 모두를 곁에 두고 죽고 싶어 내가 죽으면 내 모든 생각과 감정은 어디로 가는 걸까 모든 게 캄캄해지면서 아무것도 없게 되겠지 나는 세상을 떠난다는 게 너무 무서워 하지만 어찌어찌해서 영원히 살게 되는 것도 소름끼쳐 정말로 하늘나라 같은 게 있을까 죽은 사람은 어디에서 다시 만나게 될까 그럼 나는 증조할머니랑 보드게임을 할 수 있을까 그럼 시간은 영원히 이어질까 뭐가 뭔지 하나도 모르겠어 그런데 끝없는 영원 다음에는 뭐가 올까 만약 내가 다른 몸으로 다시 태어나면 어떻게 될까 전생이 영화 같은 거라면 영화가 끝나면 새로운 영화가 시작되는 걸까 머리가 터질 것 같아 누가 나 좀 안아 주면 안 되나요

죽음에 대해 말하기: 안나 이야기

안나는 임종을 앞둔 사람들과 유가족을 위한 심리 상담사예요. 그래서 인생의 마지막을 맞이한 사람들을 많이 만나지요. 곧 세상을 떠나게 될 사람들의 인생과 그들이 아직 품고 있는 소망에 대해 이야기를 나눕니다. 또한, 임종을 지켜볼 가족과 친구도 상담해 주지요. 자신이 알고 있는 죽음에 대해 말해 주고, 그들의 이야기를 귀 기울여 들으며 슬픈 감정을 말할 수 있도록 이끌어 줘요. 안나의 일은 여러 가지이지만, 모두 죽음과 관련이 있어요.

어떤 일을 하시나요?

저는 주로 임종을 앞둔 분들의 친지에게 전화를 받아요. 그분들은 어머니나 할아버지가 어떻게 돌아가실지, 그러면 어떤 일이 일어나는지, 그리고 어떻게 해야 하는지 무척 두려워하시지요. 그분들이 조금이라도 준비를 하도록 도와주는 것이 제 일이에요. 예를 들어서, 임종을 앞두면 환자의 의식이 변하거나 특이하게 숨을 쉬는 게 드문 일이 아니라고 알려 드리죠. 그러면 나중에 실제로 그런 상황을 보거나 들었을 때 "세상에, 이게 대체 무슨 일이야!"라고 놀라지 않게 되죠. 제가 그런 이야기를 했다는 게 기억이 날 테니까요. 이렇게 설명을 해 드리면 다들 크게 무서워하지 않으세요.

죽은 사람을 본다고 생각하면 소름 끼칠 정도로 무서워하는 사람이 많잖아요. 그런 마음을 이해하시나요?

그럼요. 저도 그랬거든요. 저희 집안에는 시신을 씻기거나 고인에게 마지막 인사를 하는 전통이 없었어요. 돌아가신 분의 관을 그냥 닫아 두었죠. 그래서 저는 성인이 되기 전에는 시체가 정말 무서웠어요. 제가 어딘가에서 읽은 글에 따르면, 십 대들은 모두 수천 구의 시체를 본 경험이 있다고 해요. 게임과 영화, 뉴스, 추리 소설 등에서 말이지요. 화면에서 보는 죽음이란 그저 끔찍하고 폭력적인 장면일 때가 많아요. 실제로 죽은 사람을 가까이에서 본 경험을 한 사람은 별로 없지요. 어른이 되어서도 죽은 사람을 보는 일이 드물고요.

그럼 죽은 사람을 보는 게 좋은 일이라고 생각하세요?

요즘 젊은 장례 지도사들은 고인을 씻기고 옷을 입힐 때 유족을 그 자리에 부르는 경우가 많아요. 보고, 잡고, 만지고, 느껴 보면 쉽게 이해할 수 있어요. 정말이랍니다! 우리는 이제껏 사랑했던 사람이 죽었다는 사실을 받아들이려 하지 않거든요. 그리고 이렇게 접촉하면서 고인에게 '그래요, 세상을 떠났다 해도 우리는 여전히 당신을 사랑하고 아껴 주고 있어요. 여전히 우리에게 소중한 사람이니까, 시신을 잘 수습하고 싶어요.'라는 마음을 보여 줄 수 있어요.

고인이 몹시 보고 싶을 때는 어떻게 해야 하나요?

애도할 때는 좋은 장소를 찾아내는 게 큰 도움이 돼요. 우리의 삶에 고인을 위한 좋은 곳을 마련하는 거지요. 좋은 장소란 사람에 따라 천차

애도한다는 건 어떤 느낌인가요?
그건 슬퍼하는 사람마다 다 다르게 대답할 수 있어요.
그리고 슬픔에서 벗어날 수 있는 능력 역시 애도의 일종입니다. 슬픔에 너무 빠지지 말고 다른 생각을 하거나, 영화나 드라마를 보거나, 선행을 하는 것 등등……. '너는 이렇게 슬퍼해야 해.' 라고 말할 수 있는 사람은 아무도 없어요.

슬픔에는 어른과 어린이의 차이가 있나요?
저는 있다고 생각해요. 어른의 슬픔이 커다랗고 깊은 호수에 들어가서 오랫동안 나오지 않는 거라면, 어린이의 슬픔은 마치 웅덩이에 풍덩 뛰어드는 것과 같아요. 그래서 뛰어든 순간만큼은 슬픔이 아주 강렬하게 느껴져요. 하지만 웅덩이에서 또 금방 나오게 되지요.

만별입니다. 예를 들어 어떤 사람은 이모님의 묘를 정기적으로 방문하고, 또 어떤 사람은 "이모가 좋아하는 카페에 가서 케이크를 먹고 싶어."라고 할 수 있겠죠. 또는 "이모가 가르쳐 준 레시피로 케이크를 구울 때마다 이모가 곁에 있는 듯해요."라고 생각하는 사람도 있어요. "이모와 함께 들었던 음악을 들으면 어쩐지 마음이 따스해져요."라고 할 수도 있고요. 그렇다면 좋은 장소란 바로 음악을 튼 그곳인 거죠. 아주 작은 것을 통해서도 우리는 "그래, 고인은 세상을 떠났지만 여전히 내 삶의 중요한 부분이야."라는 점을 계속 떠올릴 수 있어요.

슬픔은 언젠가 멈추나요?
저는 "이제는 슬프지 않아요."라고 말하는 사람을 아직까지 본 적이 없어요. 슬픔은 끝나는 게 아니라, 아주 많이 변할 뿐이에요. 언젠가 마음속 슬픔 곁에 우정이나 사랑, 익살 등 인생에서 나타나는 여러 감정들을 품을 공간이 다시 생겨나는 것이지요. 그러면 슬픔은 점점 흐릿해지고 고통도 점점 덜 나타나게 돼요. 처음에는 거대한 돌덩이처럼 느껴지던 슬픔도 차츰 점점 작아져요. 결국에는 그 돌덩이가 아름다운 보석 내지는 반짝이는 무언가로, 즉 내면의 유대감과 사랑이라는 감정으로 변화하지요. 그러면 그 아름다운 슬픔을 없애고 싶지는 않을 거라고 생각해요.

시이기도 해요. 그리고 울기 시작한다 해도, 때가 되면 다시 울음을 그치지요. 그럴 때 안아 주면서 눈물 닦을 티슈를 건네주면 됩니다. 누군가의 앞에서 마음껏 울어도 된다고 알려 주는 건 아주 커다란 선물이에요. 지금 이 순간을 바꾸려는 게 아님을 보여 주는, 고마운 일이지요.

만약 내 주위 사람이 사랑하는 이가 방금 죽어서 슬퍼하고 있다면, 어떻게 해 주어야 하나요?

가장 좋은 건, 아무 일도 없듯이 행동하지 않는 겁니다! 그 사람이 고인의 죽음에 대해 말하고 싶은지 물어볼 수 있어요. 또는 나의 마음이 아프다고 말해 줄 수도 있고, 고인이 어떤 사람이었는지, 내 주위 사람에게 왜 중요한 이였는지 이야기할 수 있지요. 어떤 때는 아무 말도 할 필요가 없을 수도 있어요. 그럴 때면 그냥 안아 주면서 옆에 있어 주는 게 참 중요하답니다. 예를 들어 오늘이 고인의 생일이라는 걸 내가 알고 있다면 주위 사람에게 "오늘이 그분 생일이라는 거 알아. 나도 그날을 잊지 않고 있다고 말해 주고 싶었어."라고 이야기하면 좋지요. 아니면 고인의 이름을 말해 볼 수도 있고요. 슬퍼하는 사람들은 대부분 이런 관심 어린 말을 들으면 무척 기뻐해요.

심리 상담가로서 슬픈 사람들을 자주 보시잖아요. 그러면 본인이 슬퍼지기도 하나요?

그렇지는 않아요. 사람들이 슬픈 이유는 누군가를 사랑하기 때문이에요. 저는 슬픔 속에서 더욱 큰 사랑을 느껴요. 그 둘은 함께 다니는 감정이에요. 사실 제가 슬퍼할 일은 참 많지요. 사람들이 서로에게 야박하게 대하는 현실이나, 사람들이 동물을 홀대하는 현실, 환경을 파괴하는 현실, 전쟁 등등. 세상에는 저를 상상도 못할 만큼 슬프게 하는 일들이 훨씬 많아요.

하지만 괜히 말했다가 상황이 더 나빠지면 어떡하나 두려워하는 사람도 많잖아요?

맞아요. 어쩌면 그 말을 듣고 상대방이 울 수도 있지요. 하지만 눈물을 흘리는 게 나쁜 건 아니거든요. 눈물이란 아주 중요한 일일 때 나는 거니까요. 또한 누가 내 앞에서 마음 놓고 운다는 건 나를 믿고 있다는 표

죽은 이와 함께 살기

나티타스-자그마한 들창코라는 뜻-는 예쁘게 장식한 두개골로,
볼리비아에서 행운의 부적으로 통해요. 볼리비아 사람들은
이 해골에 애정을 담아 들창코라 부른답니다.

종교, 시대, 문화

온 세계의 사람들은 이제까지 다양한 방식으로 죽은 자와 죽음을 다루어 왔어요. 죽음 이후의 세계가 어떤지 표현하는 여러 가지 생각과 소망이 존재하지요. 또한 역사의 흐름에 따라 전통과 종교 의식도 발달해 왔어요. 세상에 남은 사람들은 죽은 사람에 대한 관심이 많으니까요.

종교

유대교는 아주 오래된 종교 중 하나예요. 유대인들이 모두 확실하게 믿는 내용이 하나 있는데, 바로 언젠가 구세주가 와서 오랫동안 기다리던 평화로운 세상을 만들면, 이제껏 죽었던 사람들이 부활한다는 거예요. 유대인들은 그 희망을 품고 살아가고, 그 믿음과 함께 죽지요. 그래서 유대인의 무덤은 한번 만들면 절대로 없애지 않아요.

유대교에는 죽음에 관한 전통이 많아요. 일단 누군가가 죽으면 기도를 올린 다음 시신을 씻어서 하얀 천으로 싸요. 관을 사용하지 않거나, 쓰더라도 소박한 나무 관에 넣어요. 그리고 곁에서 친척과 친구들이 돌아가면서 시신을 지키지요. 유가족들도 혼자 두지 않아요. 장례식이 끝난 뒤 7일 동안 유가족은 집에 있으면서 이웃과 친구들이 주는 음식과 음료수를 받아요. 이 기간 동안 모두 모여 애도하고 고인과 함께했던 특별한 경험에 대해 이야기를 나누며 기억하지요. 그리고 유대인들은 무덤에 꽃을 심지 않아요. 대신 묘를 방문할 때는 위에 작은 돌을 놓아둡니다. 그건 꽃처럼 시드는 일 없이 변치 않는다는 징표로 '나는 너를 잊지 않았어. 앞으로도 잊지 않을 거야.'라는 의미를 지닙니다.

기독교인들은 죽은 사람의 부활을 믿어요. 그들은 언젠가 하느님의 곁에 갈 것이며, 모든 것이 천국처럼 좋아질 것이라고 믿지요. 하느님과 더불어 성경에 기록한 대로 죽었다가 부활한 예수를 믿으면 사람들의 악행이 용서를 받고 선한 사람이 될 수 있다고 생각해요. 또한 살면서 나쁜 짓을 저지른 사람들에게는 고통스러운 지옥이 준비되어 있다고 믿기에, 선하게 살라고 가르치지요.

유대교와 이슬람교를 믿는 사람들은 되도록 고인이 사망한 다음 날에 장례를 치르려고 해요. 하지만 기독교에는 며칠 동안 시신을 두고 작별 인사를 나누는 전통이 있어요. 우리나라의 장례 전통과도 비슷한 면이 있지요.

유럽의 기독교 장례식에서는 보통 공동묘지에 있는 예배실에서 사제나 목사가 직접 사회를 봐요. 개인이 작별 인사를 하는 시간 말고도 위로의 의미가 있는 성경 구절과 기도문을 낭독하는 시간이 있지요. 그리고 마지막으로 "흙은 흙으로, 재는 재로, 먼지는 먼지로."라는 말을 하며 관이나 유골함 위에 흙을 세 번 던져요. 이것은 하느님이 흙과 진흙으로 인류 최초의 인간을 만들었다는 성경의 이야기를 떠올리게 합니다.

이슬람교에서는 이 땅의 삶이 죽음을 맞은 다음에 올 낙원을 위한 준비 과정이라고 생각해요. 그래서 독실한 이슬람교 신자라면 모두 최대한 정직한 마음으로 남을 도우며 알라를 믿으며 살아야 해요. '제대로 된' 믿음을 갖지 않은 사람은 지옥에 갈 수 있다고 생각하지요.

이슬람교 신자가 죽으면 고인의 시신은 정해진 규칙에 따라 가족들이 씻겨요. 그리고 기도를 드리며 커다란 흰색 천으로 싼 뒤 장례를 치르지요. 시신은 땅에 묻는데, 가족 중 한 명이 미리 준비해 놓은 무덤에 들어가요. 그리고 시신을 오른쪽으로 눕혀 이슬람교의 성지인 메카를 볼 수 있도록 한 뒤 흙을 쌓아 방향을 고정해요. 그런 다음 가족과 친구들이 다 같이 무덤을 덮습니다.

아름다운 옛날 무덤 장식

유대교식 무덤

기독교식 무덤

이슬람교식 무덤

불교식 무덤

불교에는 신도 없고 천국도 지옥도 없어요. 불교 신자들은 힌두교를 믿는 사람과 마찬가지로 윤회를 믿어요. 윤회란 영혼이 영원히 살고 겉껍질만 바뀐다는 사상이지요. 그래서 삶은 시작도 끝도 없이 영원히 이어진다고 생각해요. 불교 신자들의 가장 큰 목표는 언젠가 이 윤회에서 벗어나 완전한 자유와 행복을 경험할 수 있는 열반에 드는 거예요.

불교 신자들은 사람이 죽으면 온 마음을 다해 극락왕생을 빌어요. 이들은 죽는 사람의 영혼이 몸에서 평화롭게 분리되어야 한다고 생각해요. 그래서 장례 때 너무 많이 울거나 슬퍼하는 걸 자제해요. 이러면 영혼이 가야 할 길에 늦게 될 뿐이니까요.

힌두교는 인도를 중심으로 널리 퍼진 종교예요. 힌두교 신자들은 죽으면 영혼이 몸을 떠나 다른 몸으로 환생한다고 믿어요. 전생에 얼마나 착하게 살았느냐에 따라 왕으로 태어나기도 하고, 쥐로 태어나기도 하고, 조약돌로 태어나기도 하지요.

힌두교 신자가 죽으면 화장을 해요. 특히 성스러운 강인 갠지스 강에서 화장하는 게 최고의 영예라 생각하지요. 그래서 갠지스 강 주위에는 시신을 태우는 곳이 많아요. 사람이 죽으면 그날 바로 천에 싸서 나무와 함께 태워 영혼이 육체에서 벗어나게 해 주지요. 그런 다음 가족들은 재와 남은 뼈를 모아 꽃과 화환과 함께 강물에 뿌립니다.

힌두교도의 유해와
꽃을 얹은 배

시대와 문화

멕시코에서는 매년 10월 말에서 11월 초에 '망자의 날'인 '디아 데 로스 무에르토스'를 기념해요.

몇 주 전부터 골판지로 만든 해골에 화사한 색을 칠하고 우스꽝스러운 옷을 입혀 장식하지요. 설탕 아이싱을 입혀 만든 꽃 장식 해골 과자나 오싹하고 아름다운 뼈와 해골 가면을 다양하게 볼 수 있어요. 유럽에서 핼러윈이나 카니발에 축제를 벌이듯 많은 멕시코인은 이때 가장행렬을 해요. 화려한 퍼레이드를 벌이면서 해골이나 망자로 분장하고 거리를 행진하지요.

망자의 날에는 죽은 자들이 살아 있는 사람을 찾아와 함께 축하한다고 믿어요. 그래서 이날은 모두 다 같이 공동묘지로 간 다음 등불과 횃불을 피워 멋진 분위기를 만들지요. 경쾌한 음악을 연주하는 가운데 간이 탁자와 의자를 묘지 근처에 놓고 다양한 음식을 차려요. 사람들은 음료와 술을 받아 마시고, 아이들은 묘지 사이에서 술래잡기와 숨바꼭질을 하며 놀지요. 고인을 위한 선물도 준비해 가져오고요. 망자의 날은 삶 속에서 죽음을 반갑게 맞이하는 날이에요.

인도네시아 술라웨시섬의 산악 지대에서는 시신을 독특하게 처리해요. 그곳 사람들은 몇 년에 한 번씩 시신을 관에서 꺼내 깨끗이 씻긴 다음 새 옷을 입히고 눕혀요. 그리고 시신을 포옹하며 말을 걸어요. 시신이 썩어서 생전의 모습을 더는 찾아볼 수 없거나 냄새가 난다 해도 상관없이 말이지요.

때로는 고인이 몇 년이고 가족들과 '사는' 경우도 있어요. 전통 장례를 치르려면 물소를 잡고 손님을 초대해야 해서 돈이 많이 들거든요. 그래서 장례 비용을 충분히 모을 때까지 고인이 계속 집에 같이 있는 거예요. 가족들은 고인과 함께 생활하고 식사를 하고 밤이 되면 잠을 자요. 하지만 아무도 이걸 이상하다고 생각하지 않는답니다.

티베트 고원에는 드물지만 '천장(天葬, 조장이라고도 함)'이란 풍습이 있어요. 먼저 승려가 고인의 시신을 작게 자른 다음 독수리가 뜯어 먹도록 놓아두는 장례 방법이지요. 고인은 새들의 먹이가 되어 자연의 순환 속으로 들어가요. 이런 풍습이 수천 년간 그 지역에 존재하는 이유는 아마도 땅이 너무 단단해서 시신을 매장하기 힘들고, 화장을 하려 해도 나무가 많이 없어서일 거예요.

고대 이집트에서는 죽음 이후의 삶도 이전의 삶만큼 중요하게 생각했어요. 죽은 사람은 최대한 아무 탈 없이 사후 세계로 가야 했지요. 그래서 고인의 시신이 썩지 않도록 관리하는 기술이 발달했답니다. 영혼에도 몸이 필요한데, 몸이 썩어 버리면 영혼이 갈 곳을 잃게 되니까요.

미라를 만드는 과정은 정성과 기술이 많이 필요했어요. 먼저 시신을 조심스럽게 갈라 내장을 모두 꺼내 특수 용기에 담아요. 특히 뇌는 길고 가느다란 갈고리 같은 도구로 코를 통해 꺼냈지요. 들으면 조금 무서울 수도 있지만, 이집트 사람들에게는 무척 중요한 의식이었답니다. 그런 다음 사제들이 시신에 여러 가지 액체를 덧발라 씌우고 솜씨 좋게 면 붕대를 조심조심 둘렀어요. 그러면 우리가 박물관에서 볼 수 있는 미라가 완성되는 거예요. 미라를 만드는 데는 보통 70일 정도 걸렸다고 해요. 무려 두 달이 넘는 시간이죠. 그만큼 죽은 사람을 소중하게 생각했기 때문에 가능한 일이었어요. 또한 사람뿐 아니라, 신성하게 여겨지는 동물도 같은 방식으로 미라로 만들었어요.

미라를 만들고 나면 죽은 사람이 저승에서 잘 살 수 있도록 여러 가지 물건을 무덤에 함께 넣어 주었어요. 여왕이나 파라오처럼 지위가 높을수록 무덤에는 그만큼 많은 보석과 옷, 음식과 음료, 하인과 반려동물까지 잔뜩 넣었답니다.

모든 준비를 마치면 고인은 드디어 사후 세계로 향하는 길을 떠날 수 있었어요. 그곳에는 영원히 젊고 건강하게 사는 삶이 기다리고 있었고요.

수천 년 후, 이집트의 무덤이 발굴되면서 이런 미라가 많이 발견되었어요. 18세기에서 19세기 유럽에서는 이집트에서 미라를 파내 기념품으로 가져오는 일이 유행했지요. 귀족 사회에서는 손님을 불러 놓고 미라를 함께 벗겨 보는 '미라 파티'가 열리기도 했답니다. 끔찍하지만 진짜예요!

100년 전까지만 해도 유럽의 약국에서는 진짜 미라를 가루로 만든 약을 팔았어요. 기침과 두통, 현기증과 마비 증세에 효과가 있다고 했대요. 진짜일까요?

부패하지 않은 시신

죽은 사람은 대부분 빨리 썩어 부패해요. 하지만 특정한 조건이 갖춰지면 시신이 수백 년, 수천 년 동안 그대로 남아 있을 수도 있어요. 특히 더운 공기나 동굴의 차가운 온도를 통해 천천히 건

126

조된 시체나 고산 지대의 얼음 속에서 꽁꽁 언 시체, 늪지나 소금 광산에서 오랜 시간이 흐른 후 발견되는 시체들이 그래요. 과학자들은 이런 미라 형태의 시신을 아주 흥미롭게 생각하고 연구해요. 옛날 사람들이 어떻게 살았는지, 어떤 생김새인지, 무엇을 먹고 어떤 옷을 입고 살았는지 알아낼 수 있기 때문이에요. 오늘날의 공동묘지에서도 가끔 썩지 않은 시체가 발견되기도 해요. 특히 점토질 토양에서는 시신이 부패하지 않는 경우가 있거든요. 이런 상태로 발견된 시체는 피부가 마치 밀랍으로 만든 것처럼 보이기 때문에 '시랍(屍蠟)'이라고 불러요.

박물관에서 미라를 보며 신기하다는 생각이 들 때면, 그것이 예전에는 실제로 살아 있던 사람의 시신이라는 걸 기억하세요.

유명한 미라들

투탕카멘

20세기 초, 투탕카멘의 묘가 발견되자 사람들은 무척 놀랐어요. 무덤의 모든 것이 3000년 전 '왕들의 계곡'에서 매장 후 봉인한 상태 그대로였거든요.

무덤의 주인인 파라오는 19세밖에 되지 않았고, 사고로 죽었을 가능성이 높대요. 투탕카멘의 시신은 고대 이집트의 방식대로 방부 처리되었죠.

묘실 안에는 왕좌와 황금 침대, 꽃병, 전차와 인형, 보석과 옷과 황금 샌들 등 보물이 아주 많았어요. 심지어 장난감 같은 물건까지 가득 있었어요. 죽은 왕이 저승에서 즐겁게 살 수 있도록 준비해 둔 것들이었지요. 그 안에서 발견된 투탕카멘의 화려한 데스마스크는 세계적으로 유명해졌습니다.

현재 투탕카멘은 다른 미라들이 박물관에 있는 것과 달리 원래의 무덤에 그대로 안치되어 있어요. 유리관에 놓인 그의 시신을 보면 검고 쪼그라든 머리와 발가락이 기다란 발이 시트 아래로 살짝 드러나 있어요. 그 옛날 찬란했던 이집트의 파라오 역시 알고 보면 그저 사람일 뿐이었다는 걸 보여 주고 있지요.

외치(Ötzi)

외치는 5000년 넘도록 이탈리아의 알프스 빙하 고산 지대에서 꽁꽁 얼어붙어 있던 남자예요. 1991년 여름, 바위틈을 우연히 들여다본 등산객에 의해 발견되었지요. 당시 외치의 몸은 물론이고 옷과 장비까지 완벽하게 보존된 상태로 발견되었기 때문에 세상이 잠깐 떠들썩해졌답니다.

청동기 시대 남자인 외치는 모피를 입고 발에 가죽 신발을 신고 있었어요. 그리고 활과 화살, 불을 피우는 도구와 작은 도끼까지 갖추고 있었지요. 피부에는 작은 기호들을 수없이 문신으로 새겨 놓았고요. 특히 흥미로운 점은 외치가 전쟁을 하다 죽었을 가능성이 높다는 사실이었어요. 화살촉이 어깨에 박혀 있었거든요. 아마 출혈로 인해 사망한 뒤 눈과 얼음이 시신을 덮어 영원히 이 상태로 보존했을 거예요.

다시도르조 이티겔로프

약 100여 년 전, 시베리아 출신의 한 스님이 있었어요. 그는 자기가 곧 죽을 거라는 사실을 느꼈다고 해요. 그래서 바깥출입을 삼가고 가부좌를 튼 채로 몇 주 동안 명상을 하기 시작했지요. 결국 스님은 그 자세 그대로 죽었어요. 동료 스님들은 스님을 그 자세 그대로 땅에 묻었다가 75년 후에 다시 파냈어요. 그런데 방부 처리를 하지 않았는데도 시신이 전혀 썩지 않았다고 해요.

과학자들은 시신을 보면서도 믿을 수 없었어요. 스님의 피부는 여전히 부드러웠고 관절은 유연했거든요. 마치 며칠 전에 명상을 시작한 사람 같았지요.

현재도 독실한 티베트 불교 신자들은 특정한 때가 되면 스님의 시신을 보러 그 사찰에 가요. 사찰의 승려들에게 스님은 돌아가신 게 아니라 그저 영원히 명상에 들어간 것이랍니다.

로살리아

오래된 시칠리아의 수도원 지하실에는 미라가 된 시신들이 많이 안치되어 있어요. 그중에서도 자그마한 유리관이 하나 있는데, 그 안에는 두 살짜리 소녀 로살리아가 100년 넘게 누워 있답니다. 아이는 마치 잠든 것처럼 보일 정도로 완벽하게 방부 처리된 상태예요.

100여 년 전의 수도사들은 천주교인이나 부유한 시민 중에서 중요한 인물이 죽으면 방부 처리를 해 지하실에서 건조를 시켰어요. 그래서 지금도 수백 구의 미라가 오래된 옷을 입고 벽에 걸려 있거나, 관에 누워 있는 거예요. 예전에는 만성절(가톨릭에서 죽은 사람들을 기리는 날) 때마다 유족들이 찾아와 고인의 곁에서 추억을 되새겼어요. 그리고 시신에 새 옷을 입히고 향수를 뿌린 다음 손에 꽃을 쥐여 주었지요. 하지만 오늘날에는 매년 수천 명의 관광객이 미라를 구경하기 위해 찾아온답니다.

톨룬드맨

늪지대는 식물의 잔해로 이루어진 갈색의 흙이 쌓인 습지예요. 안개가 자욱하고 으스스한 늪지대에서는 종종 시체가 발견될 때가 있어요. 이런 토양은 아주 빽빽해서 시신이 잘 썩을 수 없거든요. 그래서 현재도 수천 년 전에 늪에서 죽은 사람이 가끔 발견된답니다.

덴마크의 '톨룬드맨'이라는 시신은 어찌나 잘 보존되었던지 피부 구조와 수염 그루터기, 섬세한 얼굴 특징까지도 정확하게 알아볼 수 있어요. 마치 2000년 동안 그저 잠들어 있는 것 같았지요. 하지만 사실 톨룬드맨은 끔찍하게 죽었습니다. 목에 올가미가 걸려 있었거든요. 아마도 그 시대 사람들이 그의 목을 졸라 죽인 다음 늪에 제물로 바친 게 아닐까 추정해요. 그 시대 사람들은 이 늪지대에서 신과 소통할 수 있다고 믿었거든요. 사람을 죽여 제물로 바치면서 풍작이나 따뜻한 겨울을 기원하는 건 당시 아주 자연스러운 일이었다고 해요.

신추 부인

이 여성은 세상에서 가장 보존이 잘된 미라예요. 피부가 아주 건조해서 바스러지기 쉬운 이집트식 미라와는 달리, 2000년 전에 살았던 이 중국 귀족 여성의 몸은 완벽하게 보존되어 부드럽습니다. 심지어 부인의 정맥에서는 액체 상태의 피가 발견되기도 했어요.

이 고운 여인의 사치스럽게 장식된 무덤은 중국 내륙 깊은 곳에서 우연히 발견되었어요. 신추 부인은 여러 겹의 비단에 둘둘 싸인 채, 4층으로 겹쳐 있던 관 속에 누워 있었지요. 시신을 아주 특별히 보관했던 살균액이 있었는데, 그 성분이 무엇인지는 현재도 제대로 밝혀지지 않았어요.

지금까지 알려진 바에 따르면, 신추 부인은 아주 부자였고 맛있는 음식을 좋아했던 것 같아요. 부인의 무덤에서 1000개가 넘는 부장품이 발견되었는데, 그중에는 30개의 음식 바구니와 부인이 가장 좋아했던 요리의 조리법도 있었답니다.

불사

인간이든 동물이든 식물이든 모든 생명체는 언젠가 죽어요. 하지만 만약 죽지 않고 불사의 몸으로 살 수 있다면 어떨까요?
이런 생각은 항상 강렬하게 존재해 왔어요. 그래서 많은 종교를 들여다보면 영혼이라도 영원히 살아가기를 바라는 소망을 찾을 수 있지요.

인류 역사가 발전하면서 전 세계 많은 지역의 영양 상태와 의료 서비스가 좋아졌어요. 노동도 예전보다 덜 힘들어진 곳이 늘어났지요. 불과 100년 전만 하더라도 사람들은 80세, 90세까지 사는 게 자연스러워질 거라고는 상상도 하지 못했답니다.
요즘 사람들은 최대한 오래 살면서 젊음을 유지하길 바라지요. 그래서 운동을 열심히 하고, 채소를 많이 먹고, 두뇌 훈련을 하고, 노화 방지 화장품을 쓰고, 기적의 치료법을 굳게 믿어요. 하지만 아직 그 누구도 불사의 몸이 되지는 못했습니다.

미래에는 가능할까

불사에 대한 연구가 앞으로도 계속 발전할 거라고 굳게 믿는 사람이 많아요. 그래서 그들은 죽은 다음에라도 시신을 영원히 냉동 보관 하는 데 큰돈을 쓰기로 마음먹지요. 언젠가는 냉동된 몸이 다시 해동되어 살아날 수 있을 거라면서요. 그럴 수도 있고, 아닐 수도 있겠지만, 어쨌든 한번 해 볼 수는 있는 거니까요.

의학과 기술 발전

과학자들은 신체의 노화를 늦추어 죽음도 늦추는 방법을 계속해서 연구하고 있어요. 예를 들어 기능이 뛰어난 인공 장기와 인공 신체 부위를 개발해서 오래된 장기와 교체하는 거예요.
또 어떤 이들은 초소형 로봇을 집중적으로 발명하고 있어요. 앞으로 이 로봇은 사람의 신체 안을 돌아다니면서 병든 세포를 감지하고 복구하는 역할을 할 거라고 해요.
어쩌면 언젠가 인간은 결국 죽어 버릴 육체를 갖고 사는 것이 아니라, 대단히 발전한 기술로 만든 로봇 몸을 갖게 될지도 모르겠네요.

디지털이라면?

요즘 사람들은 죽을 때까지 인터넷에 어마어마한 양의 데이터를 남겨요. SNS에 올린 사진과 댓글이 정말 많지요. 이런 데이터는 시간과 노력을 들여 삭제하지 않는 한 영원히 남아요. 죽은 사람들이 남긴 정보가 죽지 않고 남아서 인터넷을 언제까지나 가득 채우고 있지요!

다른 측면으로는 사랑했던 사람이 세상을 떠난 후에도 그 흔적과 사진을 오래오래 소중하게 간직할 수 있다는 뜻이기도 해요. 고인과 오래전에 했던 대화를 다시 읽으면서 힘을 얻는 사람이 있지요. 또 어떤 이들은 고인의 휴대폰에 계속 전화를 걸거나 문자를 남겨요. 아무도 답장하지 않을 걸 알면서도요. 그렇게 하면 사랑하는 사람이 여전히 곁에 있다는 마음이 드니까요.

디지털 도플갱어

가끔 영상을 보면 너무나 정교해서 이게 실제 사람인지, 아니면 컴퓨터로 만든 그래픽인지 구분할 수 없을 때가 있어요. 진짜 뮤지션 대신 가상 이미지(홀로그램)가 무대에 서서 연주하는 콘서트도 있고요. 사실은 그 자리에 아무도 없는데도, 팬들은 자신의 아이돌을 응원하고 같이 즐기지요.

죽은 사람의 이미지와 음성 녹음, 동영상을 기술적으로 편집해 마치 살아 있는 것처럼 보이게 만들 수도 있어요. 죽은 지 오래된 사람도 생전의 모습과 익숙한 목소리로 말을 하고 질문에 답을 해 주지요. 예를 들어 우리나라의 한 어머니는 3년 전에 죽은 딸을 가상 현실에서 다시 '만날' 수 있었어요. 특수 안경을 통해 각종 컴퓨터 기술로 만든 딸이 공원에서 뛰어다니는 모습을 보았지요. 어머니는 죽은 딸과 대화하면서 다시금 딸을 얼마나 사랑하는지 말해 줄 수 있었어요. 하지만 그 딸은 진짜가 아니었기 때문에 만질 수는 없었어요.

아마도 앞으로는 이런 컴퓨터 애니메이션 도플갱어로 '살아 있는' 상태를 만들 수 있을 거예요. 그래서 밤이 되면 오래전 돌아가신 할머니가 손주의 머리맡에서 동화책을 읽어 줄 수도 있겠지요. 생일 파티에 죽은 친구도 가상 이미지로 참석해서 다른 손님들과 함께 생일상에 둘러앉을 수 있을 거고요. 세상을 떠난 사람과 이야기도 하고, 어떤 의견이 있는지 물어볼 수도 있을 거예요. 이런 특별한 방식으로 죽은 사람이 영원히 살아 있을 수도 있겠지요. 하지만 이런 애니메이션은 실제 사람을 완전히 대체하지는 못한답니다.

사람들은 죽은 사람들을 아주 다양한 방식으로 상상해요.

여기 나온 그림들의 정체가 뭔지는 다음 장에서 설명해 줄게요. 설명에 맞는 그림을 알아볼 수 있을까요?

죽음의 이미지와 상징

요즘에는 지식이 넘쳐나요. 또 많은 걸 경험할 수 있지요. 세상엔 끊임없이 놀라운 발명들이 나오잖아요. 하지만 죽음만큼은 알 수 없는 수수께끼로 남아 있어요. 그 누구도 자신이 언제 어떻게 죽을지 미리 아는 일이 불가능해요. 이 점을 불안하게 여기고 무서워하는 사람들도 있어요.

아마도 이런 이유 때문에 사람들은 죽음을 어떤 형상으로 표현해 보려고 노력하는 걸지도 몰라요. 형상이 있으면 쉽게 상상할 수 있으니까요. 유령, 영혼, 언데드, 뱀파이어 등 무시무시한 존재에 대한 이야기가 아주 많지요. 죽음을 표현한 이런 존재들은 언제나 새로 만들어지고 있답니다.

낫을 든 사신

사신은 보통 모자가 달린 검은 망토로 몸을 두르고 있어요. 그리고 안구가 없이 눈이 텅 비어 있거나 아예 알아볼 수 없는 얼굴을 하고 있지요. 손에는 곡식을 자르는 커다란 낫을 들고 있어요. 사신이 나타나면 사람들이 마치 풀이 잘리듯 쓰러져요. 그러면 사신은 이렇게 죽은 사람들을 데려가는 거예요.

해골 인간

해골 인간은 뼈와 두개골로 이루어져 있어요. 시신에서 피부와 살, 근육과 힘줄이 오랜 시간에 걸쳐 분해된 후에도 이 뼈들은 마지막까지 남아 있어요. 그래서 해골 인간은 죽음을 상징하는 표시이기도 하지요. 하지만 실제로 해골은 절대 무덤에서 올라올 수 없어요. 뼈를 한데 묶어 주는 힘줄과 근육이 없기 때문에 움직여 봤자 그저 뒤섞인 뼈 더미일 뿐이지요.

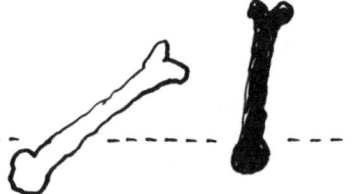

대부가 된 죽음의 신

그림 형제의 옛이야기에서 유래한 말이에요. 옛날 옛적, 가난한 아버지가 열세 번째로 태어난 아이의 대부를 해 줄 사람을 찾다가 결국에는 죽음의 신에게 대부가 되어 주길 부탁한다는 이야기지요. 죽음의 신은 대부가 되어 아이를 무척 아껴 주었답니다. 하지만 자라서 어른이 된 아이는, 대부인 죽음의 신과 한 약속을 어기고 말았어요. 그래서 결국 죽게 되었지요.

타나토스

그리스 신화에 나오는 죽음의 신이에요. 그는 잠의 신 히프노스와 형제지요. 보통 타나토스는 커다랗고 검은 날개를 가진 잘생긴 젊은이로 나타나요. 그리고 죽어 가는 사람의 머리카락을 칼로 자르고 저승으로 데리고 가지요.

죽음의 천사 아즈라엘

유대교와 이슬람교에 나오는 죽음의 천사 아즈라엘은 죽어 가는 몸에서 영혼을 데려가는 존재예요. 아즈라엘은 자신의 명부에다 세상에 태어난 모든 아이의 이름을 적고, 죽은 사람은 이름을 지운다고 해요. 그래서 옛날 유대인들은 죽어 가는 사람에게 빨리 새 이름을 지어 주는 관습이 있었어요. 죽음의 천사가 임종 때 나타났다가 명단에 없는 이름인 것을 보고 잘못 온 것이라 생각할 수도 있으니까요.

유령과 허깨비

유령 이야기는 많은 문화권에서 나타나요. 죽은 사람, 또는 죽은 사람의 영혼이 살아 있는 사람들에게 돌아와서 겁을 주거나, 사후 세계의 중요한 이야기를 전하기 위해서 모습을 드러낼 때가 있다고 하지요.

일반적으로 유령은 자정 이후에 나타나요. 대체로 공중에 뜬 투명한 형상으로 보이지요. 아니면 펄럭거리는 하얀 천을 뒤집어 쓴 모습이기도 하고요. 침대 시트 같은 하얀 천을 쓴 모습에서 죽은 사람의 몸을 감싸는 수의가 떠오르기도 해요.

뱀파이어

야행성인 뱀파이어 이야기는 세계적으로 아주 다양하면서도 다들 조금씩 달라요. 그래도 가장 널리 알려진 건 아주 창백한 얼굴에 우아한 복장을 한 사람의 모습이에요. 뾰족한 송곳니를 갖고 있어서 사람의 목을 물어 피를 빨아먹지요. 뱀파이어는 이미 죽었지만 정말로 죽은 것은 아닌 상태예요. 낮에는 관 속에서 잠을 자고 밤에는 일어나 희생자를 찾아 돌아다니지요. 참, 뱀파이어에게 물린 사람도 뱀파이어가 돼요!

좀비 / 언데드

조심하세요! 좀비와 언데드는 아주 무섭고 사람에게 특히 적대적이랍니다. 좀비와 언데드는 주로 공포 영화를 통해 잘 알려져 있어요. 그들은 묫자리를 방금 파고 나온 것처럼 피투성이에다 너덜너덜한 옷을 입은 채로 이리저리 정신없이 돌아다녀요. 아직 다 썩지 않은 죽은 시체의 모습으로 움직이면서 살아 있는 사람을 해치고 싶어 하지요. 좀비와 언데드의 영혼에는 평화가 없어요. 사람들은 이런 존재들을 아주 오래전부터 두려워했답니다. 그래서 누군가 죽었다가 좀비가 되어 나타날까 봐 예방 조치를 하기도 했어요. 장례식에서 시신을 엎어 놓고 묶은 다음 몸에 무거운 돌을 올려놓거나 아예 머리를 미리 잘라 버리기도 했어요. 안전한 게 제일이니까요!

죽음의 무도

중세 시대의 그림이나 자료를 보면 죽음 자체를 표현한 작품이 많아요. 종종 죽음이 산 사람들, 특히 젊은이들과 춤을 추는 묘사가 등장하지요. 중세 사람들은 죽은 이들이 자정이 되면 무덤에서 나와 춤을 춘다고 믿었어요. 당시는 전쟁과 질병, 힘든 생활 조건 등으로 수많은 젊은이가 죽었던 시대이기도 했고요.

죽음의 무도를 그린 그림은 사람들에게 '너희가 부자든 거지든, 많이 배웠든 아니든, 공주든 하인이든 상관없이, 모두 다 죽게 될 것이다.'라는 사실을 일깨워 주었어요. 그래서 죽음은 언제나 '삶의 춤'을 출 때 함께 끼어 춤을 추지요. 사람들이 죽음을 잊지 말아야 한다는 의미랍니다.

> 너희가 좋든 싫든, 같이 가야 한다.

메멘토 모리

고대 로마에서는 전쟁에서 이기면 위대한 승리를 기념하기 위한 개선식을 여는 것이 관례였어요. 승전한 장군은 전차를 타고 도시를 행진하면서 시민들의 환호를 받았지요. 그때 뒤에 따르는 사람 하나는 황금 월계관을 그의 머리 위로 들고서 "메멘토 모리"라고 계속 속삭이는 임무를 맡았어요. 그 말은 "너 역시 그저 한낱 인간이라 언젠가는 죽게 된다는 것을 잊지 마라."라는 의미예요. 너무 자만하지 말라는 경고였지요.

오늘날 티셔츠나 타투에서 많이 보이는 해골이나 뼈 이미지 역시 '메멘토 모리'라고 할 수 있어요. 그걸 보면 아주 잠깐이라도 '그래, 언젠가는 나의 인생도 끝나겠지.'라는 사실을 떠올리게 되니까요.

모래시계

수많은 그림에서 죽음이 모래시계를 손에 들고 있는 모습이 나와요. 사람들은 모래시계를 보며 본인의 삶이 계속해서 흘러가고 있다는 사실을 기억하게 되지요.

바니타스

'바니타스(vanitas)'라는 말은 라틴어로 공허, 헛됨 또는 무가치함이라는 뜻이에요. 그리고 정물화의 한 갈래이기도 하지요. 탁자 위에 늘어놓은 다양한 물건을 그린 이 그림은 마치 사진처럼

삶이 그대로 정지된 듯 보여요. 그래서 바니타스를 보는 사람들은 돈이나 금, 그리고 아름다움과 쾌락이 사실은 그다지 중요한 게 아니라는 사실을 되새기게 돼요. 나를 포함해서 모두가 언젠가는 죽으리라는 점이 떠오르니까요!

이런 바니타스 안에는 삶의 덧없음을 나타내는 수많은 의미가 비밀스럽게 숨어 있어요. 예를 들어 두개골은 죽음을 뜻하고, 달팽이의 빈 껍데기는 더는 그 안에 생명이 없다는 뜻이에요. 시계는 시간이 흘러가고 있다는 뜻이지요. 시든 꽃과 썩은 과일도 마찬가지로 죽음을 의미해요. 곤충과 벌레는 썩은 것을 먹는다는 특성이 있고, 타오르는 양초는 생명의 빛이 언젠가는 꺼진다는 의미를 지녀요. 비눗방울은 금방 꺼져 버린다는 뜻이지요. 또 무너진 유적이나 죽은 동물도 바니타스에 자주 등장해요.

죽음에 대한 웃긴 이야기
(주의! 안 웃길 수도 있음)

어느 날, 뱀파이어가 빵집에 가서 빵 두 개를 주문했어요.
주인은 진열대에서 빵을 꺼내 주었지요. 하지만 뭔가
이상하다고 생각한 주인이 뱀파이어에게 물었어요.
"저, 실례합니다만, 뱀파이어 맞으시죠?"
"그렇습니다."
"궁금해서 그러는데요. 제가 지금까지 뱀파이어가
빵을 먹는다는 말을 들어 본 적이 없어서요."
뱀파이어가 대답했어요.
"아, 저쪽에서 사고가 났거든요. 그래서 흘린 피를
찍어 먹을 게 급히 필요해서요."

지호는 택시를 타고 집으로 가는 길이었어요.
택시 기사에게 무언가를 묻고 싶어서 어깨를 살짝 두드렸지요.
그러자 택시 기사가 기겁을 하면서 비명을 꽥 질렀어요.
심지어 운전에 집중하지 못하고 도로를 쭉 가로질러 달리는 바람에
하마터면 벽을 들이받을 뻔했지요.
택시가 급하게 멈춘 뒤, 택시 기사가 겨우 말했어요.
"부탁인데요, 다시는 이러지 마세요. 놀라 죽을 뻔했다고요!"
지호는 미안하다고 사과하며 말했어요.
"죄송해요. 어깨를 살짝 두드렸을 뿐인데 이렇게까지
놀라실 줄은 몰랐어요."
그러자 택시 기사가 말했어요.
"아, 그렇겠군요. 사실은 오늘이 제가 택시 기사로 일하는
첫날입니다. 그 전에는 25년 동안 영구차를 몰았지요."

어느 날, 뱀파이어 어머니가 아이에게
물었어요.
"지금 뭐 하고 있니?"
"공동묘지에서 사람 둘을 뒤쫓아 다니는
중이에요!"
"엄마가 몇 번을 말했니! 먹을 것 가지고
장난치지 말랬지!"

어떤 사람이 스코틀랜드의 오래된 성을 방문해서 하룻밤을 묵게 되었어요. 그는 아무도 없는 복도를 돌아다니다가 유령을 만났어요.
"우우우우우우우~ 나는 죽은 지 400년 동안~ 이 복도를 떠돌고 있다아아아아."
그러자 그 사람이 대답했어요.
"아, 잘됐네요. 그럼 화장실이 어디 있는지 확실하게 아시겠군요?"

어느 날, 좀비가 레스토랑에 가서 웨이터에게 말했어요.
"흠, 음식 맛이 별로네요. 주방장을 불러 주세요!"
그러자 웨이터가 대답했어요.
"불러 드리는 거야 문제없지요. 하지만 주방장은 별로 맛있지 않을 텐데요."

어떤 사람이 죽어서 저승에 가게 되었어요. 같이 가던 저승사자가 그에게 물었어요.
"너는 장례식장에서 가족들이 너를 보며 무슨 말을 했으면 좋겠느냐?"
"네, 저는 '에! 쟤 움직인다!'라고 했으면 좋겠습니다."

주요 단어

여기 나온 단어 중에는 어디선가 들어 봤던 말이 있을 거예요. 또 어떤 단어는 낯설기도 하고, 어떤 것은 신비롭게 들리기도 할 거예요. 심지어 어른들도 정확한 의미를 모르는 단어들이 많답니다. 삶에서뿐만 아니라, 말 속에서도 우리는 죽음을 표현하는 단어를 익숙하게 듣지 않으니까요.

가족장

가족과 가까운 친지들만 모여서 치르는 조용하고 검소한 장례예요. 전통적인 대규모 장례식과 대비되는 형태인데, 특히 코로나19 팬데믹 이후 간소화된 장례 문화가 확산하면서 늘어나는 분위기예요. 조문객을 안 받거나 받더라도 소수만 받고, 3일 치르던 장례 기간을 이틀 또는 하루로 줄이기도 해요. 고인의 생전 취향이나 유언을 반영한 맞춤형 장례도 증가하고 있어요.

데스마스크

석고를 사용하여 죽은 사람의 얼굴을 본떠서 모양을 만든 것이에요. 고대 이집트에서 시작된 것으로 알려져 있는데, 옛날 유럽에서는 유명한 화가나 음악가의 데스마스크를 만드는 것이 관례였다고 해요. 종종 다 만든 다음 거실에 우아하게 장식품으로 걸어 두었지요!

묘지기

묘지기는 오래된 직업으로, 오늘날에는 묘지 관리인이 비슷한 일을 한다고 볼 수 있어요. 묘지기는 선조의 무덤을 관리하고 제사를 준비하는 역할을 했어요. 조선 시대에는 왕릉을 관리하는 직책이 따로 있었지요. 이런 묘지기들은 묘소뿐 아니라 가문의 행사와 전통까지 전부 관리하는 역할을 했습니다.

미라

죽은 후 원래 상태에 가까운 모습으로 오랫동안 보존한 시신을 미라라고 해요. 미라는 사람이 방부 처리해서 만들기도 하지만, 점토 토양이나 얼음 속처럼 시신이 썩지 않는 환경에서 생기기도 해요.

봉안당

시신을 화장한 후 유골을 모셔 두는 곳이에요. 예전에는 '납골당'이라고도 했는데, 요즘은 봉안당으로 바꿔 부르고 있어요.

부검

죽은 사람의 정확한 사망 원인을 알 수 없는 경우에는 부검을 해요. 부검을 진행하는 의사는 아주 조심스럽게 시신을 검사해요. 시신을 해부해서 장기와 조직을 관찰해 정확한 사인을 찾지요. 이 과정에서 범죄가 드러나기도 해요.

부고

부고는 신문이나 인터넷에 사람의 죽음을 공개적으로 알리는 일이에요. 보통은 고인의 가족이 작성하지요. 이름과 생년월일, 사망한 날짜가 들어가는데, 고인에게 어울리는 격언이나 고인의 사진을 넣기도 해요.

빈소

관을 놓아두고 조문객을 맞이하는 공간을 말해요. 보통은 병원의 장례식장인 경우가 많고, 성당이나 교회에 차려지는 경우도 가끔 있어요. 집에 빈소가 차려지는 경우도 있긴 한데, 점차 줄어드는 분위기예요.

사망 진단서

사람이 죽으면 의사가 사망을 증명해야 해요. 중요한 정보는 모두 사망 진단서에 기록되지요.

사별 애도 상담

소중한 사람을 떠나보낸 사람은 상담을 받기도 해요. 상담사에게 자신의 현재 감정을 이야기하고 힘든 시기를 잘 지나갈 수 있는 방법에 대해 조언을 얻기도 하지요. 집단 상담을 통해 함께 사별 경험을 나누고, 상실감을 줄여 주는 프로그램에 참여할 수도 있어요.

사산아

사산아는 출생 직전이나 출생 직후에 죽은 아기를 말해요. 부모와 가족에게 너무나도 슬픈 일이지요. 많은 사랑을 주며 아기가 태어나길 기다렸을 테니까요. 독일어로 사산아를 'Sternekind'라고 하는데, 별(Stern)과 아기(Kind)를 합쳐 만든 말이랍니다. 아이가 하늘에서 빛나는 별이 되었다고 생각하면 조금이나마 위로를 받을 수 있지요.

사후 경직

사람이 죽고 몇 시간이 지나면 신체의 근육이 서서히 굳어서 마치 얼어붙은 것처럼 움직이지 않게 돼요. 사후 경직은 사망을 진단하는 의사에게 확실한 사망 징후가 되어 줍니다.

수의

시신에 입히는 옷이에요. 우리나라의 수의는 보통 삼베로 커다랗고 헐렁하게 만들지요. 지역과 시기에 따라 수의는 조금씩 달라요. 요즘은 고인이 자신의 옷을 입고 장례를 치르기를 원하는 경우도 늘어나고 있어요.

시독(屍毒)

옛날에는 시체에 독이 있다고 생각하는 사람들이 있었지만, 사실은 없어요! 땅에 매장한 다음에도 시체에서는 독성 물질이 만들어지지 않아요. 시간이 지나면 분해가 되어 다시 흙으로 돌아갈 뿐이지요.

시체 검안

검안 과정에서 의사는 죽은 사람의 시신을 검사하여 사망을 확실하게 판단해요. 그때가 그 사람이 범죄로 죽은 것은 아닌지 확인할 마지막 기회가 되니까요. 하지만 모든 시신의 검안이 이루어지는 건 아니에요. 병원에서 진료를 받던 환자가 사망한 경우에는 담당 의사가 사망 진단서를 발급하고 별도의 시체 검안은 하지 않아요.

애도

애도는 사람의 죽음을 슬퍼한다는 뜻이에요. 누군가 세상을 떠났을 때 "애도를 표합니다."라는 말을 하기도 하지요. 이것은 슬픈 마음을 표현하는 관용구예요. "고인의 명복을 빕니다."라는 말도 있어요.

영안실

고인의 시신을 보관하는 방이에요. 보통 장례식장에 빈소와 영안실이 있지요. 빈소에서는 고인의 영정 사진을 모셔 두고 조문객을 맞이한다면, 영안실에서는 시신이 부패하지 않게 적절한 온도를 유지하며 입관 및 발인 전까지 안전하게 보관해요.

완화 치료

완화 치료(Palliative Care)는 Pallium이라는 라틴어 단어에서 유래되었는데, 바로 망토라는 뜻이에요. 완화 치료를 특별히 훈련받은 사람들은 불치병에 걸린 사람들이 삶의 마지막 순간을 보낼 때 함께하며 돌봐 주지요. 환자들은 최대한 고통을 적게 받으며 두려움 없이 지내야 하거든요. 마지막 순간을 최대한 잘 살 수 있어야 하고요.

유언장

죽기 전, 생전에 자신이 지닌 다양한 유산을 누구에게 어떻게 물려줄 것인지 적어 놓는 서류예요. 이것은 고인이 사망한 후에만 읽지요. 유언장이 공개되면 고인이 무슨 생각을 했는지 뒤늦게 안 가족과 친구들이 깜짝 놀랄 때가 있어요.

입관

시신을 관에 넣는다는 뜻이에요. 염습을 한 뒤에, 입관을 하고, 발인을 하는 것이 순서지요.

장례식

장례식은 죽은 사람을 땅에 묻거나 화장을 하는 의식을 가리키는 말이에요. 장례와 비슷한 말로 '장사(葬禮)'라는 말이 있지요. '장례를 치르다', '장사를 지내다'라는 말은 다 같은 뜻이에요.

장례식장

장례 의식을 진행하는 곳이에요. 우리나라에서는 보통 이곳에 빈소가 있고, 사흘째 되는 날 관을 화장하거나 매장하러 가지요. 고인의 장례식에 참석한 사람들이 식사를 하는 공간과 유족이 쉴 수 있는 공간이 있어요.

장례 지도사

장례 지도사는 장례식을 계획하고 절차를 세우는 걸 도와주는 사람이에요. 장의사라고도 하지요. 죽은 사람은 물론이고 살아 있는 사람도 같이 돌봐 주는 직업이에요.

조의금

조의금은 부의금, 부조라고도 해요. 이것은 누군가 세상을 떠나면 조문객들이 유족들에게 주는 돈이에요. 봉투에 애도의 마음을 뜻하는 말을 이름과 함께 적어서 주지요.

추도문

누군가가 세상을 떠났을 때는 그분의 삶이 어떠했고 특별한 점은 무엇이었는지 다시금 생각하곤 하지요. 유명한 사람들이 죽으면 종종 추도문을 쓰는 경우가 있어요. 그런 추도문은 고인의 죽음 후 신문이나 인터넷에 실려요.

축성

종교 절차에 따라 장례를 치르면 마지막으로 고인은 성직자의 축복을 받아요.

합장

이것은 고인의 유골함이나 관을 이미 누군가의 유골함이나 관이 매장된 곳에 같이 매장하는 걸 말해요. 보통은 부부 사이에 합장하는 경우가 많고, 부모와 자녀, 형제자매 등이 함께 묻히는 경우도 있어요.

호스피스 병동

이곳은 더는 회복할 수 없는 사람들이 머무는 곳이에요. 남은 인생을 최대한 고통 없이 보내야 하지요. 여기서는 잠을 자고, 놀고, 먹고, 음악을 듣는 등 자신이 좋아하는 일을 할 수 있어요.

화장

죽은 사람을 관에 넣고 태우는 걸 의미해요. 모든 게 재가 될 때까지 불에 태우고, 남은 유골은 모아서 유골함에 넣지요. 이 유골함은 여러 가지 형태로 장례를 치를 수 있어요.

화장장

이곳은 고인을 화장하는 시설로, 관을 태우는 커다란 화로를 여러 대 갖추고 있어요. 여기서 타고 남은 유골을 유골함에 넣지요.

★ 해골 가면 만들기 ★

준비물: 가위, 풀, 고무줄, 색연필, 복사기 (복사기가 없으면 가까운 복사실을 이용하세요!)

옆 페이지를 자르세요. (조금 두꺼운 종이에 복사하면 여러 개를 만들 수 있어요!)

가면을 마음껏 멋지고 화려하게 칠해 보세요. 124쪽에 나온 화려한 멕시코 해골처럼 그려 볼까요? 아니면 아예 다른 색을 칠해 볼까요? 아무 색도 칠하지 않고 그냥 하얀 가면으로 써도 괜찮아요. 내 마음대로 하는 거예요!

다 칠했으면 가면을 오리세요. 앞이 보이도록 눈 부분 구멍을 뚫는 걸 잊지 마세요!

점선을 따라 살짝 접은 다음 표시된 부분에 풀을 바르고 바로 옆의 뒷면에 붙여요.

마지막으로 오른쪽과 왼쪽에 표시된 검은 점에 작은 구멍을 뚫고 고무줄을 끼우세요.
머리 크기에 맞도록 고무줄 매듭을 지으세요.

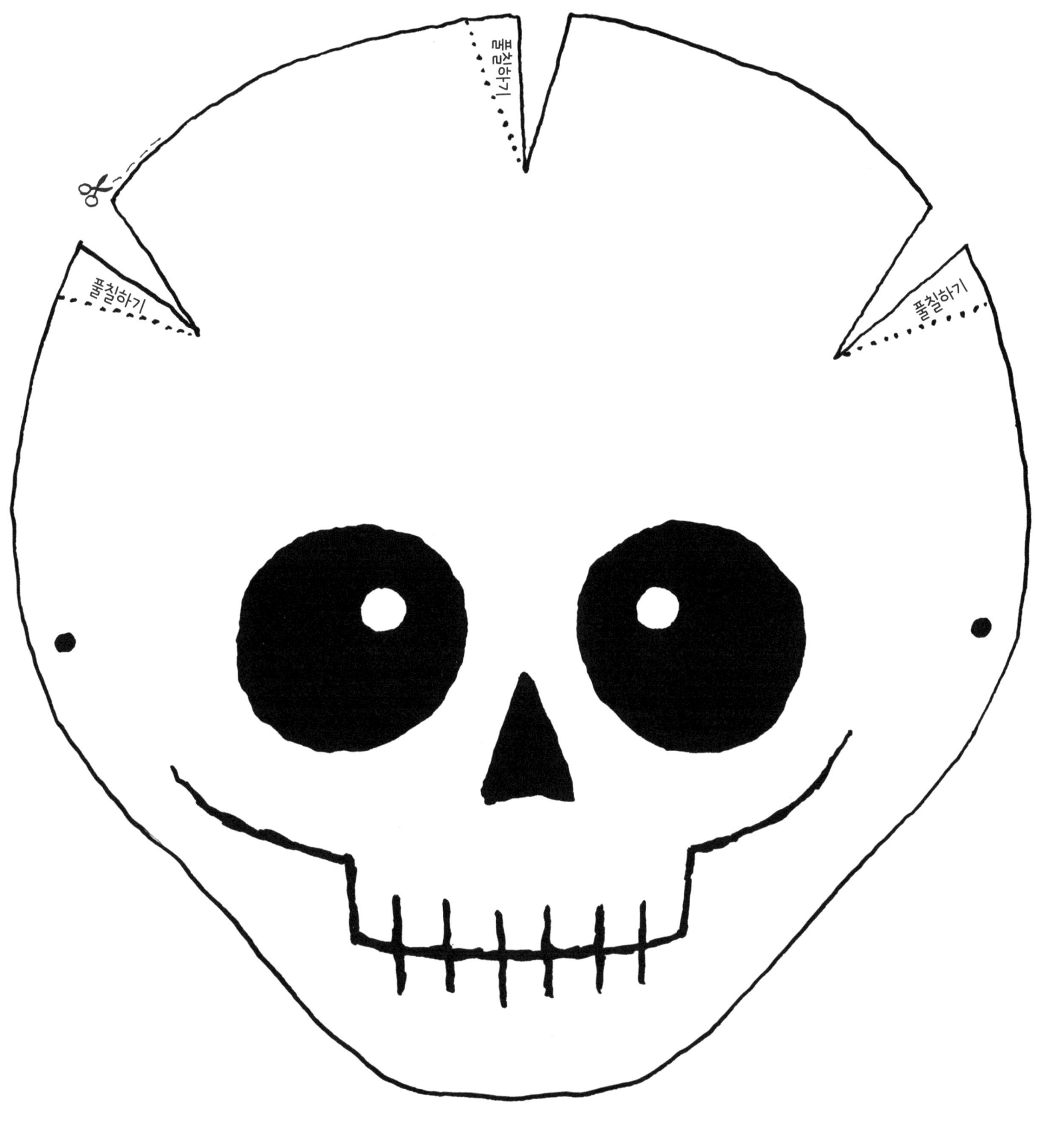

★ 미니 관 만들기 ★

준비물: 가위, 풀, 색연필, 복사기 (복사기가 없으면 가까운 복사실을 이용하세요!)

옆 페이지를 자르세요. (이것도 조금 두꺼운 종이에 복사해서 여러 장 만들어도 좋아요!)

관 전개도를 마음껏 칠하고 디자인해 보세요. 화사한 색도 좋고, 단정한 색도 좋고, 예쁜 무늬를 그려도 좋아요.

관의 위쪽 부분과 아래쪽 부분을 모두 자른 다음, 점선을 따라 깔끔하게 접으세요.

먼저 아래쪽 부분의 표시된 곳에 풀을 바르고 관을 조립하세요. 위쪽 뚜껑 부분도 같은 식으로 조립하세요.

풀이 다 마르면 이제 관 안을 채워 봐요. 무엇을 넣을까요? 바닥에 이끼나 나뭇잎을 폭신하게 깐 다음 죽은 벌레나 지렁이 같은 것을 넣을 수 있어요. 이 장례식에는 누가 참석하나요?

물론 작은 인형이나 장난감을 넣을 수도 있답니다.
하지만 플라스틱은 썩지 않으니 땅에 묻지는 마세요.

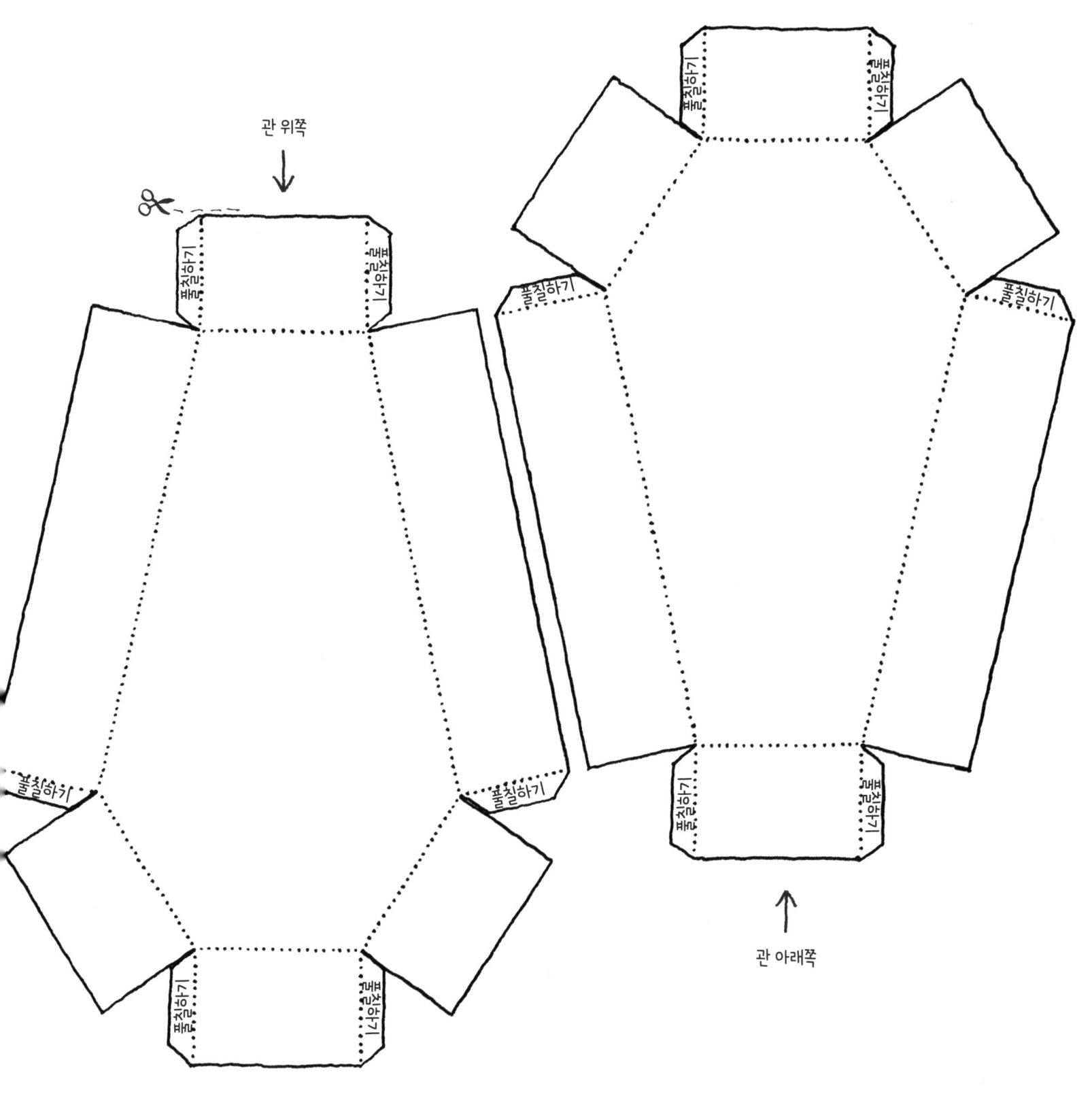

카타리나 폰 데어 가텐은 본에 살면서 일하고 있습니다. 어린이책에 흥미가 많으며, 특별한 주제를 즐겨 탐구합니다. 쓴 책으로 『가르쳐 주세요!』 『동물들의 짝짓기 도감』 『나는 왜 이렇게 생겼지?』 등이 있습니다.

앙케 쿨은 프랑크푸르트의 예술가 단체인 라보어 아텔리에게마인샤트르에서 일러스트레이터로 일하고 있습니다. 독일 청소년 문학상을 받은 『세상의 모든 가족』을 비롯하여 『세상의 모든 음식』 등 다양한 책에 그림을 그렸습니다.

심연희는 연세대학교와 같은 학교 대학원에서 영문학을 공부하고 독일 뮌헨대학교에서 언어학과 미국학을 공부했습니다. 영어와 독일어 전문 번역가로 활동 중입니다. 옮긴 책으로 「이사도라 문」 시리즈 『레슨 인 케미스트리』 『인어 소녀』 등이 있습니다.

죽음의 책

초판 1쇄 인쇄 2025년 10월 13일
초판 1쇄 발행 2025년 10월 31일

글 카타리나 폰 데어 가텐 **그림** 앙케 쿨 **옮김** 심연희

펴낸이 김선식
펴낸곳 다산북스

부사장 김은영
어린이사업부총괄이사 이유남
책임편집 강지하 **디자인** 남정임 **책임마케터** 신지수
어린이콘텐츠사업4팀장 강지하 **어린이콘텐츠사업4팀** 남정임 최방울 최유진 박슬기
어린이마케팅본부장 최민용 **어린이마케팅2팀** 최다은 신지수 심가윤 **기획마케팅팀** 류승은 박상준
미디어홍보본부장 정명찬
편집관리팀 조세현 백설희 김호주 **저작권팀** 성민경 이슬 윤제희
재무관리팀 하미선 임혜정 이슬기 김주영 오지수
인사총무팀 강미숙 이정환 김혜진 황종원
제작관리팀 이소현 김소영 김진경 이지우
물류관리팀 김형기 김선진 주정훈 양문현 채원석 박재연 이준희 이민운

출판등록 2005년 12월 23일 제313-2005-00277호
주소 경기도 파주시 회동길 490
전화 02-704-1724 **팩스** 02-703-2219
다산어린이 공식 카페 cafe.naver.com/dasankids
종이 신승INC **인쇄** 민언프린텍 **코팅 및 후가공** 제이오엘앤피 **제본** 대원바인더리

ISBN 979-11-306-7087-4 (73190)

· 책값은 뒤표지에 있습니다.
· 파본은 본사와 구입하신 서점에서 교환해 드립니다.
· KC마크는 이 제품이 공통안전기준에 적합하였음을 의미합니다.
· 이 책은 저작권법에 의하여 보호를 받는 저작물이므로 무단 전재와 복제를 금합니다.

죽다. 사망하다. 돌아가시다. 세상을 떠나다. 죽음을 맞이하다. 목숨을 잃다. 숨지다. 운명하다. 별세하다. 생명을 잃다. 작고하다. 강을 건너다. 삼도천을 건너다. 승천하다. 숨이 다하다. 눈을 감다. 세상을 등지다. 숨넘어가다. 고인이 되다. 영면하다. 유명을 달리하다. 귀천하다. 궂기다. 명을 다하다. 싸늘한 주검이 되다. 한 줌 흙이 되다. 시체가 되다. 천사가 되다. 귀신이 되다. 눈에 흙이 들다. 인생의 막을 내리다. 생이 끝나다. 별이 되다. 마지막 여행을 떠나다. 무지개다리를 건너다. 초상을 치르다. 병풍 뒤에서 향냄새를 맡다. 생명을 잃다. 작고하다. 세상을 뜨다. 숨이 끊어지다. 숨이 멎다. 졸하다. 소천하다. 타계하다. 서거하다. 황천길을 가다. 천국에 가다. 영면하다. 유명을 달리하다. 승하하다. 입적하다. 선종하다. 등선하다. 하늘나라에 가다. 세상을 뜨다. 영원히 잠들다. 절명하다. 신이 되다. 눈에 흙이 들어가다. 먼 길을 떠나다. 숨을 거두다. 고인이 되다. 작고하다. 까마귀밥이 되다. 관에 들어가다. 저세상으로 가다. 병풍 뒤에서 향냄새를 맡다. 저승사자가 이름을 부르다. 죽다. 사망하다. 돌아가시다. 세상을 떠나다. 죽음을 맞이하다. 목숨을 잃다. 황천길을 가다. 천국에 가다. 열반에 들다. 저승에 가다. 요단강을 건너다. 삼도천을 건너다. 승천하다. 숨이 다하다. 눈을 감다. 영원히 잠들다. 절명하다. 요절하다. 단명하다. 순교하다. 전사하다. 귀천하다. 궂기다. 명을 다하다. 싸늘한 주검이 되다. 한 줌 흙이 되다. 관에 들어가다. 저세상으로 가다. 생을 마감하다. 숨을 멈추다. 인생의 막을 내리다. 생이 끝나다. 별이 되다. 마지막 여행을 떠나다. 죽음을 맞이하다. 목숨을 잃다. 숨지다. 운명하다. 별세하다. 생명을 잃다. 작고하다. 세상을 뜨다. 숨이 끊어지다. 숨이 멎다. 숨이 다하다. 눈을 감다. 세상을 등지다. 숨넘어가다. 고인이 되다. 영면하다. 유명을 달리하다. 승하하다. 입적하다. 선종하다. 등선하다. 주검이 되다. 한 줌 흙이 되다. 시체가 되다. 천사가 되다. 귀신이 되다. 눈에 흙이 들어가다. 먼 길을 떠나다. 숨을 거두다. 고인이 되다. 마지막 여행을 떠나다. 무지개다리를 건너다. 초상을 치르다. 병풍 뒤에서 향냄새를 맡다. 저승사자가 이름을 부르다. 죽다. 끊어지다. 숨이 멎다. 졸하다. 소천하다. 타계하다. 서거하다. 황천길을 가다. 천국에 가다. 열반에 들다. 저승에 가다. 요단강을 건너다. 하다. 선종하다. 등선하다. 하늘나라에 가다. 세상을 뜨다. 영원히 잠들다. 절명하다. 요절하다. 단명하다. 순교하다. 전사하다. 귀천하다. 다. 숨을 거두다. 고인이 되다. 작고하다. 까마귀밥이 되다. 관에 들어가다. 저세상으로 가다. 생을 마감하다. 숨을 멈추다. 인생의 이름을 부르다. 죽다. 사망하다. 돌아가시다. 세상을 떠나다. 죽음을 맞이하다. 목숨을 잃다. 숨지다. 운명하다. 별세하다. 생명을 에 가다. 요단강을 건너다. 삼도천을 건너다. 승천하다. 숨이 다하다. 눈을 감다. 세상을 등지다. 숨넘어가다. 고인이 되다. 영면하다. 교하다. 전사하다. 귀천하다. 궂기다. 명을 다하다. 싸늘한 주검이 되다. 한 줌 흙이 되다. 시체가 되다. 천사가 되다. 귀신이 되다. 다. 숨을 멈추다. 인생의 막을 내리다. 생이 끝나다. 별이 되다. 마지막 여행을 떠나다. 무지개다리를 건너다. 초상을 치르다. 병 명하다. 별세하다. 생명을 잃다. 작고하다. 세상을 뜨다. 숨이 끊어지다. 숨이 멎다. 졸하다. 소천하다. 타계하다. 서거하다. 황천길을 가다. 고인이 되다. 영면하다. 유명을 달리하다. 승하하다. 입적하다. 선종하다. 등선하다. 하늘나라에 가다. 세상을 뜨다. 영원히